W0356156

IMPRESSUM

Verlag:
Farona Verlag
Beethovenring 2
76761 Rülzheim
Petra.Jordan@freenet.de

Druck: epubli – ein Service der neopubli GmbH, Berlin

Sag Tschüss zu Diabetes

Petra Jordan

Farona Verlag

Inhalt

Kapitel 1: Diabetes und Abnehmen	Seite	1
Kapitel 2: Bisphenol A	Seite	30
Kapitel 3: Neuropathie	Seite	46
Kapitel 4: Ernährungsplan	Seite	57
Kapitel 5: Tagesvorschläge	Seite	64
Kapitel 6: Rezepte Nudel- und Reisgerichte	Seite	84
Kapitel 7: Rezepte Salate	Seite	97
Kapitel 8: Rezepte Suppen	Seite	105
Kapitel 9: Rezepte Fischgerichte	Seite	113
Kapitel 10: Rezepte Aufläufe & Wraps	Seite	119

Ich bin Diabetikerin Typ 2, habe 20 Kilo abgenommen und seit Jahren einen normalen Langzeitblutzuckerwert. Ich muss keine Tabletten mehr nehmen und gelte als gesund. Meine Erfahrungen die ich gemacht habe möchte ich hier mitteilen und dadurch anderen helfen, ebenfalls abzunehmen, den Diabetes zu überwinden und wieder eine bessere Lebensqualität zu erhalten.

Diabetes und Abnehmen

Warum muss man als Diabetiker unbedingt abnehmen? Weil jedes Kilo mehr an Körperfett die Insulinresistenz der Körperzellen verstärkt: Wenn die Körperzellen gegen Insulin resistent sind, kann der Zucker nicht mehr in die Zellen eindringen. Das hat zur Folge, dass der Zucker im Blut bleibt und dadurch der Zuckerwert im Blut steigt: Man hat zu hohen Blutzucker. Ist zu viel Zucker im Blut, schädigt das auf Dauer Organe und Nerven.
Wenn man abnimmt, kann man die Insulinresistenz abbauen und die Zellen wieder empfänglicher für Insulin und Zucker machen. Der Zucker kann dann wieder in die Zellen eindringen und bleibt nicht im Blut, der Blutzuckerwert wird dadurch niedrig.
Wer Diabetes hat, muss also abnehmen. Das ist das oberste Gebot, wenn man wieder gesund werden möchte. Das ist aber gar nicht so einfach. Abnehmen ist an und für sich schon schwer, für einen Diabetiker aber noch viel schwieriger. Der Grund hierfür ist, dass bei Diabetikern die Bauchspeicheldrüse mehr Insulin produziert als bei gesunden Menschen. Eine vermehrte Insulinproduktion bewirkt jedoch, dass der Körper mehr Fett einlagert, denn Insulin ist auch für die Fettspeicherung verantwortlich. Die vermehrte Produktion von Insulin bei Diabetikern hat also zur Folge, dass im Körper mehr Fett eingelagert wird.

Dadurch nehmen Diabetiker wesentlich langsamer ab als Gesunde. Aber man kann es trotzdem schaffen, denn: Isst man eine Mahlzeit, werden Nährstoffe, die nicht sofort benötigt werden, durch Insulin zwar als Körperfett gespeichert, aber das eingelagerte Körperfett wird über den Tag zur Energiebereitstellung genutzt. Wenn man also unterhalb seines Kalorienverbrauchs isst, wird man nicht zunehmen, sondern abnehmen. Daher ist es für einen Diabetiker zwar schwieriger abzunehmen als für Gesunde, man kann es aber auf jeden Fall schaffen.

Wie nehme ich am besten ab?

Wenn man abnehmen möchte, sollte man sich nicht zu sehr auf das Abnehmen selbst fokussieren, denn sonst denkt man ständig ans Essen und kann gar nicht mehr aufhören damit, bis man dann endlich was gegessen hat. Das Abnehmen darf nicht im Vordergrund stehen, sondern es sollte wie selbstverständlich und ohne viel Aufhebens in den Alltag integriert werden. Wenn man ständig über die Diät nachdenkt, fokussiert man sich viel zu sehr darauf. Man sollte nach einem Ernährungsplan mit einer bestimmten Anzahl an täglichen Kalorien essen. Dann muss man sich nicht ständig Gedanken darüber machen, was man essen kann, sondern isst einfach dass, was man laut seinem Ernährungsplan essen darf. Die Rezepte und Infos hierfür sind im Kapitel **Ernährungsplan** angegeben.

Man sucht sich das aus, was man über den Tag verteilt essen möchte und stellt sich seine Mahlzeiten selbst zusammen. Das hat den Vorteil, dass man nicht jeden Tag dasselbe essen oder sich an strikte Vorgaben halten muss. Erlaubt ist pro Tag ein Frühstück, ein Mittagessen, ein Abendessen und zweimal am Tag ein gesunder Snack für zwischendurch. Hält man sich daran, nimmt man am Tag nicht mehr als 1500 Kalorien zu sich. Der Vorteil: Man kann sich aussuchen, was man jeweils pro Tag essen möchte und so seinen Essensplan für den Tag selbst gestalten. Sagen Sie sich: "Das ist mein Ernährungsplan, daran halte ich mich und danach esse ich."

Das sollte Ihr Motto sein, dann müssen Sie sich nicht ständig Gedanken ums Essen und Kalorienzählen machen. Das klappt umso besser, wenn man sich während der Ernährungsumstellung auf andere Dinge konzentriert, wie zum Beispiel Arbeit oder Freizeitaktivitäten, vielleicht ein neues Hobby, das man gleichzeitig mit der Ernährungsumstellung beginnt. Man sollte gar nicht dazu kommen, sich viel über Essen Gedanken zu machen. Besser ist es, den Essensplan wie selbstverständlich in den Alltag zu integrieren. Ablenkung ist wichtig, und Arbeit kann helfen, am Anfang die Umstellung besser hinzubekommen und sich abzulenken von dem Gedanken an`s Essen. Denn es ist leider so: Je mehr man daran denkt, umso mehr Appetit bekommt man. Die Diät sollte also "nebenbei" laufen, als ganz selbstverständliche Sache, und nicht im Mittelpunkt des Lebens stehen. Es ist nicht gut, wenn man den ganzen Tag darüber nachdenkt, wie viel Kalorien man gegessen hat, wie viele man noch essen darf und ständig Kalorien zusammenrechnet. Da können sich die Gedanken auch schon mal im Kreis drehen.

Sagen Sie sich: "Ich esse das, was ich laut meinem Essensplan essen darf, und das war´s. Daran halte ich mich." Punkt. Und nicht: "Hoffentlich schaffe ich es, die Diät durchzuhalten, weil ich ja so viel nicht essen darf, dieses nicht, jenes nicht, und das auch wieder nicht...." und so weiter. Konzentrieren Sie Ihren Lebensinhalt auf andere Sachen und nicht auf`s Essen und Kalorienzählen. Essen muss zur Nebensächlichkeit werden. Wenn ich nach meinem Ernährungsplan esse, weiß ich, was ich den Tag über essen werde und muss mir weiter keine Gedanken darüber machen.

Wenn man den ganzen Tag nur an die nächste Mahlzeit denkt, ist die Diät schon zum Scheitern verurteilt. Wie das so ist: Was man nicht haben kann, reizt einen umso mehr: Je mehr ich mich mit dem Gedanken befasse, dass ich etwas nicht essen darf, umso mehr will ich es haben. So ist das auch, wenn man eine bestimmte Diät macht wie zum Beispiel die Kohlsuppendiät: Man quält sich selbst, weil man außer Kohlsuppe nichts anderes essen darf und sich etwas auferlegt, was man auf Dauer gar nicht durchhalten kann. Besser ist es, sich an einen Essensplan zu halten, der Speisen beinhaltet, die man gerne isst. Man darf nicht komplett auf Sachen verzichten, die man mag, sonst werden die Gelüste danach einfach zu groß und man schmeißt den ganzen Plan über den Haufen, weil man sich ausgehungert über die Sahnetorte hermacht.

Wenn der Heißhunger kommt, sollte man lieber zwischendurch mal kleine Naschereien essen, die nicht zu kalorienhaltig sind. Wenn man zum Beispiel einen kleinen Schokoriegel mit etwa 100 Kalorien isst, ist meistens das Bedürfnis nach Süßigkeiten schon heruntergefahren. Man hat aber trotzdem nicht übermäßig viel Kalorien zu sich genommen. Das sollte man natürlich nicht jeden Tag machen, aber ab und zu ist das in Ordnung. Das ist, was sich gedanklich verfestigen sollte:

Ich muss nur reduzieren, aber nicht komplett verzichten
Ich kann abnehmen und trotzdem normal essen

Das ist dann wesentlich einfacher, als sich zum Beispiel nur von Obst, Gemüse und eiweißhaltig zu ernähren, wie das so oft empfohlen wird. Das hält auf Dauer niemand durch, und man will seine Ernährung ja dauerhaft umstellen. Und das funktioniert nur, wenn man Sachen essen kann, die einem schmecken. Alles andere kann nur eine Sache von ein paar Wochen oder Monaten, aber nicht von Dauer sein. Wenn man eine Diät nur ein paar Wochen durchhält und danach wieder isst wie vorher, hat man die abgenommenen Kilos auch ganz schnell wieder drauf. Das nutzt einem gar nichts.

Man sollte zusätzlich zum Ernährungsplan ein Sport- und Gymnastikprogramm machen, soweit das zeitlich wie körperlich möglich ist. Das gehört einfach dazu. Übertreiben muss man es nicht. Das man als Übergewichtiger keinen Marathon hinlegen kann, ist ja klar. Aber Walken, Radfahren oder einfach lange Spazierengehen ist schon mal ein Anfang. Wenn erst mal ein Anfang gemacht wurde, kann es weitergehen und man kann sich steigern, wenn vielleicht auch nur in kleinen Schritten. Hauptsache Bewegung, das ist wichtig, egal wie viel und wie lange. Jeder kann das so machen, wie es ihm eben möglich ist. Man darf sich am Anfang nicht zu viel vornehmen und sich nicht mit anderen Walkern und Joggern vergleichen, denn da verliert man natürlich immer. Wenn man nur langsam walken kann, dann walkt man eben langsam. Wir wollen gesund werden, keine Sportler. Jeder muss Sport oder Bewegung so machen, wie er es aufgrund seines Gewichts oder seiner Konstitution machen kann. Auch wenn es nur wenig ist, was man machen kann: Jede Art von Bewegung ist wichtig. Wenig ist immer besser als gar nichts! Und umso öfter man etwas macht, umso mehr kann man sich steigern.

Sich vorzunehmen Sport zu machen ist die eine Sache. Aber man will ja nicht angestarrt werden, so nach dem Motto: "Guck mal die Dicke, die walkt. Die hat`s aber auch nötig." Nein danke. Dann sollte man vielleicht dorthin gehen, wo nicht so viele Leute unterwegs sind, zum Beispiel im Wald. Oder auf einem Trimm-Dich-Pfad, wo nur Sportler unterwegs sind und man sich nicht von Fußgängern und Radfahrern anstarren lassen muss. Am besten fängt man mit einem Heimtrainer an, den man sich zuhause hinstellen kann. Dann kann man in Ruhe allein daheim trainieren. Das hat den Vorteil, dass man jederzeit Sport machen kann, ohne ins Fitnessstudio gehen zu müssen.

Ganz wichtig: Rückfälle in altes Essverhalten gehören dazu und sind ganz einfach normal. Niemand kann immer nur das Richtige essen und sich strikt an seinen Essensplan halten. Man hat auch mal einen oder mehrere Tage, da hat man einfach keine Lust und die Nase voll. Das ist einfach so, da braucht man sich nichts vormachen. Dann kann es schon mal vorkommen, dass man zur Tafel Schokolade oder der Tüte Chips greift.

Aber wichtig ist, nach einem Rückfall wieder weiterzumachen und nicht aufzugeben. Sollte man einmal einen sogenannten "Fressanfall" haben, sollte man das einfach unter Rückfall abhaken und weitermachen mit dem Ernährungsplan wie bisher, und nicht aufgeben, nur weil man mal gesündigt hat. Rückschläge oder Heißhungerphasen gibt es immer, das bleibt nicht aus. Das muss man einfach mit einkalkulieren. Sie sind aber kein Grund, mit der Ernährungsumstellung aufzuhören. Im Gegenteil: Meistens macht es gar nichts aus, wenn man mal einen Tag mehr isst als sonst. Denn der Körper kann eine vermehrte Kalorienzufuhr gut verkraften, wenn man zuvor wenig gegessen hat: Er verbrennt die Kalorien sofort. Das gilt allerdings nur für einen Tag. Isst man an zwei Tagen hintereinander mehr als die Grundumsatz-Kalorienmenge, nimmt man zu. Sollte man also mal gesündigt haben, sollte man am nächsten Tag auf jeden Fall wieder reduzieren, denn sonst schlägt es an.

Was sollte man essen?

Für einen Essensplan sollte man sich überlegen, was man gerne isst und wie man dies kalorienarm umsetzen kann: Welche kalorienarme Lebensmittel isst man gerne und welche kann man gar nicht essen? Es nutzt einem nichts, wenn man sich vornimmt zum Beispiel Karotten zu essen, wenn man Karotten nicht ausstehen kann. Das wird nicht funktionieren. Wenn man kalorienarm essen möchte, sollten es Sachen sein, die einem gut schmecken. Das muss man sich vorher überlegen und sich danach die entsprechenden Lebensmittel und Rezepte für seinen Essensplan aussuchen.

Je mehr man sich darauf konzentriert, etwas nicht zu essen, umso mehr Gelüste
bekommt man darauf. Darum darf man sich auch nicht grundsätzlich Dinge verwehren, die man besonders gerne isst. Was

man nicht bekommen kann, interessiert einen umso mehr: Je verbotener, desto interessanter. Die Gedanken kreisen dann ständig um den Schokoladenkuchen, den man eigentlich unbedingt essen möchte (und natürlich nicht essen sollte), bis man ihn dann schließlich doch isst. Deswegen sollte man sich für seinen Ernährungsplan Lebensmittel aussuchen, die einem schmecken und wenig Kalorien haben, und man sich sagen kann: " Ich esse, was mir schmeckt!" und nicht: "Ich esse das, weil ich es essen muss."

Es sollte sich in die Gedanken einprägen: " Ich esse, was mir schmeckt, nur in geringeren Mengen und mit weniger Kalorien!" Das funktioniert und ist im Grunde eigentlich nur Gewohnheitssache. Wenn wir keine großen Mengen mehr gewöhnt sind, nimmt das Verlangen danach automatisch ab. Man braucht gar nicht mehr so viel wie zuvor, auch wenn man das vielleicht erst mal nicht glauben kann.

Es wichtig, dass man weiß, dass man nicht ganz und für immer auf sein Lieblingsessen verzichten muss. Das will man nämlich eigentlich nicht und darum würde man ein grundsätzliches Verbot sowieso nicht durchhalten. Abnehmen heißt nicht, für immer auf Schokolade, Kuchen, Pommes, Pizza oder was auch immer einem gut schmeckt, verzichten zu müssen. Das ist völlig falsch. Und man hält es auch nicht durch, wenn man es schon immer gerne gegessen hat. Wo bleibt da der Genuss und die Lebensfreude? Die wollen wir uns auch nicht verderben lassen. Wem diese Sachen egal sind, kann da natürlich gut drauf verzichten. Aber die, die gerne essen, eben nicht.
Wenn man mal unbedingt kalorienreich, süß oder fett essen möchte und gar nicht darauf verzichten kann, sollte man dies tun, aber eben in geringer Menge: Also nicht eine ganze Tafel Schokolade, sondern nur ein paar Stückchen oder ein oder zwei kleine Schokoriegel. Oder statt einer ganzen Pizza nur eine halbe, ein kleines Stück Kuchen anstatt einem großem, ein Glas Cola anstatt einer Literflasche und so weiter.

Für kleine Sünden gilt:

nur in geringer Menge

höchstens ein- oder zweimal pro Woche

Kalorien dafür an anderer Stelle reduzieren

Dann ist es sozusagen "erlaubt", und es entsteht kein Entzug und nicht das Gefühl, sich etwas zu verwehren oder verzichten zu müssen. Das ist ganz wichtig: Es ist erlaubt, jedoch nur in geringen Mengen und nicht jeden Tag.

Wenn man mal etwas mehr essen möchte als sonst, gelten außerdem folgende Grundsätze:

Will ich ausgiebig frühstücken, esse ich dafür mittags oder abends weniger.

Esse ich mittags mehr, muss ich entweder beim Frühstück oder Abendessen Kalorien sparen

Will ich abends mehr essen, muss ich beim Frühstück oder Mittagessen Kalorien reduzieren oder eine Mahlzeit weglassen

Also: Ich esse mittags ein Schnitzel mit Pommes, reduziere dafür aber beim Abendessen Kalorien und esse dann zum Beispiel nur einen grünen Salat. Und nehme an diesem Tag trotz Schnitzel nicht zu. Und es ist völlig falsch, zu denken, dass man sich ab jetzt nur noch von Reis, gedünstetem Fisch, Salat und einem Hauch von Putenbrust ernähren muss ... bis ans Lebensende. Man kann nicht ständig Sachen essen, die einem nicht schmecken und diese in sich reinzwingen, nur weil sie kalorienarm sind.

Man sollte täglich unter seinem Grundumsatz an Kalorien bleiben, dann wird man auch abnehmen. Zusätzlich hilft es, sich im Alltag viel zu bewegen und Sport zu machen. Seinen Grundumsatz an Kalorien kann man ganz einfach ausrechnen mit speziellen Grundumsatzrechnern, die man im Internet finden kann. Dort kann man sein Gewicht und seine Größe eingeben und sich so den Grundumsatz berechnen lassen. Man kann seinen Grundumsatz aber auch selbst berechnen.

Grundumsatzberechnung

Bei Frauen lautet die Formel:

Gewicht (in kg) x 10 + 6,25 x Größe (in cm) - 5 x Alter (Jahre) - 161
Wenn also jemand zum Beispiel 90 Kilo wiegt, 1,64 m groß und 35 Jahre alt ist, lautet die Berechnung:
90 x 10 + 6,25 x 164 - 5 x 35 - 161 = 1589
Der Grundumsatz liegt hier also bei 1589 Kalorien.

Für Männer gilt die Formel:

Gewicht (in kg) x 10 + 6,25 x Größe (in cm) - 5 x Alter (Jahre) + 5
Bei einem Mann mit beispielsweise 100 Kilo Gewicht, 1,80 m Größe und einem Alter von 35 Jahren lautet dann die Berechnung:
100 x 10 + 6,25 x 180 - 5 x 35 + 5 = 1955
Der Grundumsatz beträgt hier 1955 Kalorien.

Bleibt man unter seinem Grundumsatz, nimmt man ab. Man kann also normal essen und trotzdem abnehmen, wenn man täglich unter seinem Grundumsatz an Kalorien bleibt, auch ohne einseitige Diäten machen zu müssen. Es gilt also nicht: Unter 1000 Kalorien täglich muss ich bleiben, sondern: Unter meinem Grundumsatz muss ich bleiben. Ganz wichtig für`s Abnehmen ist auch, sich im Alltag so viel wie möglich zu bewegen. Wichtig ist die Bewegung, die wir über den Tag verteilt machen. Eine ganz einfache Regel ist: So wenig wie möglich sitzen! Lieber eine Tätigkeit im Stehen als im Sitzen machen, auch das fällt unter "Bewegung" und bringt mehr Kalorienverbrauch als man denken würde.

Beim Abnehmen sollte man folgende Regeln beachten:

sich an einen Ernährungsplan halten

täglich unterhalb des Grundumsatzes bleiben

viel Alltagsbewegung

Sport und Gymnastik machen

täglich Obst und Gemüse essen

nicht zu schnell abnehmen

nicht ganz auf das verzichten, was man gerne isst

Zudem sollte man von seinem Ernährungsplan überzeugt sein. Man sollte davon überzeugt sein, dass man gar nichts anderes essen will als das, was nach dem Essensplan erlaubt ist. Wenn man selbst davon überzeugt ist, dass man es will, ist die Umstellung gar nicht so schwierig. Dann kommt man am besten damit klar, bis das gesunde und kalorienarme Essen nach dem Essensplan irgendwann ganz selbstverständlich wird. Man will ja eigentlich auch nichts anderes essen, weil man ja abnehmen möchte: Man möchte nicht mehr dick sein, und man möchte stolz darauf sein, dass man seine Diät einhält und gut damit klar kommt.

Weil man dann nämlich endlich aus dem Teufelskreis "Essen und Zunehmen" herauskommt. Und man sollte sich immer wieder sagen:

Ich will nicht mehr fett und süß essen, denn davon nehme ich nicht ab und bleibe weiter dick. Wenn ich meinem Körper kein Fett zuführe, kann er auch kein Fett ansetzen.

Teilweise Ernährungsumstellung

Man kann seine Ernährung auch erst einmal teilweise umstellen, wenn man es nicht schafft, komplett auf die Gerichte des Essensplans umzustellen. Teilweise Ernährungsumstellung heisst: Man kann weiter essen wie bisher, jedoch werden Teile der Ernährung, die sehr kalorienhaltig, zuckerhaltig oder fett sind, nach und nach durch kalorienarme und gesunde aus dem Essensplan ersetzt.

Der beste Weg zur Umstellung ist der, sich "nebenbei" an gesunde Lebensmittel zu gewöhnen, und diese zusätzlich zu dem zu essen, was man sonst auch immer gegessen hat. Man gewöhnt sich daran, ohne krampfhaft "nur" gesunde Sachen zu essen, was man auf Dauer sowieso nicht durchhalten könnte So kann man nach und nach seine ungesunde Ernährung durch gesunde ersetzen.

Für einen Ernährungsplann sollte man sich überlegen, was man gerne isst und wie man dies kalorienarm umsetzen kann: Welche Lebensmittel isst man gerne und welche kann man gar nicht essen? Man sollte sich nicht mit Sachen quälen, die einem nicht schmecken und sich nicht dazu zwingen, etwas zu essen, was man nicht mag, das wird nicht funktionieren. Wenn man kalorienarm essen möchte, sollten es Sachen sein, die einem gut schmecken. Das muss man sich vorher überlegen und sich danach die entsprechenden Lebensmittel und Rezepte für seinen Ernährungsplan aussuchen.

Das was man sich an Essverhalten angewöhnt hat wieder abzugewöhnen geht nicht von heute auf morgen. Alte Verhaltensmuster sind nur schwer zu durchbrechen und andere Essgewohnheiten müssen sich erst einmal einspielen. Für den Umstellungsprozess reicht es daher auch erst mal, wenn man seine Ernährung teilweise umstellt und somit einen Teilerfolg hat. Man kann eigentlich nicht von einem Tag auf den anderen seine gesamte Ernährungsweise komplett umstellen. Man kann es aber teilweise und Schritt für Schritt tun.

Teilweise Ernährungsumstellung heißt: Ich nehme mir vor, etwas sehr Kalorien- oder Fetthaltiges, was ich jeden Tag gegessen habe oder sehr gerne esse, wegzulassen und durch eine kalorienarme Variante zu ersetzen. Das mache ich solange, bis ich mich daran gewöhnt habe und es selbstverständlich wird. Die Regel ist: Was man drei Wochen lang durchhält, wird man sich angewöhnen und man kann es auf Dauer durchhalten Dann kann man damit weitermachen, andere Teile der Ernährung ebenfalls durch gesunde und kalorienarme Varianten zu ersetzen.

Die Teilschritte, in denen die Ernährungsumstellung erfolgen soll, kann man sich selbst aussuchen. Man ersetzt etwas sehr Kalorienreiches und gewöhnt sich daran. Danach sucht man sich die nächste Umstellungsmöglichkeit und gewöhnt sich ebenfalls daran. Und immer so weiter, bis man seine Ernährung dann fast komplett auf gesund und kalorienarm umgestellt hat.

Beispiel: Wer sich jeden Tag fetthaltige Wurst wie Leberwurst oder Salami aufs Brot gemacht hat, kann statt dessen Brot mit einer fettarmen Wurstvariante essen, wie zum Beispiel Geflügelwurst oder Kochschinken. Das sollte man dann mindestens drei Wochen lang machen. Hält man das so lange durch, hat man sich an die

Geflügelwurst gewöhnt und hat schon den Gewöhnungseffekt: Man hat gar nicht mehr so das Verlangen nach der fetthaltigen Wurst. Und wenn man gar nicht darauf verzichten kann, gibt es die Wurst halt ab und zu mal. Ganz darauf verzichten sollte man nicht, wenn man nicht kann, sonst wird es zum Fokus und man denkt ständig daran. Das sollte nicht sein.

Hat man eine Umstellung geschafft, nimmt man sich die nächste vor und macht damit weiter. Wie zum Beispiel damit, dass man auf süße Limonaden und Säfte verzichtet und statt dessen Wasser trinkt. Der beste Weg hierbei ist erst mal, damit anzufangen, mehr und mehr Wasser zu trinken, um sich daran zu gewöhnen. Um das Ganze ein bisschen schmackhafter zu machen, kann man zum Wasser ein wenig Fruchtsaft oder Zitrone dazugeben. Man sollte dann nach und nach immer mehr Wasser trinken und nur noch ab und zu ein Glas Limo oder Saft. Wenn man das macht, hat man die Umstellung auf Wasser fast schon geschafft. Dieser Umstellungsschritt sollte auch mindestens drei Wochen dauern. Man kann sich aber natürlich auch länger daran gewöhnen, wenn man denkt, das man für die Gewöhnung noch länger braucht. Das kann man machen wie man möchte und sich die Zeit selbst einteilen, bevor man den nächsten Umstellungsschritt angeht.

Wenn man der Meinung ist, dass man sich lange genug daran gewöhnt hat und gut damit klar kommt, kann man dann die nächsten Umstellungsschritte angehen: Zum Beispiel täglich ein Stück Obst und Gemüse essen. Man sollte sich auf jeden Fall angewöhnen, täglich Obst und Gemüse zu essen, ob man da jetzt gerade Lust darauf hat oder nicht. Einfach als Pflichtprogramm integrieren: Täglich einen Apfel und eine Tomate, einen Pfirsich und ein Stück Salatgurke, eine Banane und eine Karotte und so weiter. Welches Obst und Gemüse man isst, ist egal, was einem eben schmeckt. Man gewöhnt sich einfach daran und isst es, auch wenn man keinen Appetit darauf hat. Jeden Tag ein Stück Obst und Gemüse zu essen sollte man schaffen. Das ist sozusagen das tägliche Obst- und Gemüsepflichtprogramm, und auch wenn man denkt, davon wird man nicht satt: Mit der Zeit wird man wirklich satt davon, weil man sich daran gewöhnt und sich dann der Geschmack automatisch umstellt.

Der nächste Umstellungsschritt könnte dann der sein, nach den Vorgaben des Ernährungsplans zu frühstücken oder die Mahlzeiten auf die Gerichte und Rezepte des Ernährungsplans umzustellen.

Teilweise Umstellungsschritte können also sein:

Fettarmer Brotbelag

Täglich Obst und Gemüse essen

Wasser anstatt Saft oder Cola trinken

Frühstücken nach Vorgabe des Ernährungsplans

Mahlzeiten auf die Gerichte des Ernährungsplans umstellen

Nehmen Sie sich als Erstes immer den Umstellungsschritt vor, der Ihnen am leichtesten erscheint!

Vieles am Essverhalten ist einfach nur Gewohnheit oder der Gedanke, man könnte nicht "ohne" leben. Aber es ist gar nicht so, dass man fett- und zuckerhaltige Lebensmittel wirklich braucht. Man kann es sozusagen "üben" darauf zu verzichten, indem man sie einfach eine gewisse Zeit durch etwas anderes ersetzt. Man merkt dann irgendwann, dass man eigentlich auch ganz gut darauf verzichten kann.

Und damit fängt man an: Mit kleinen Dingen, die man sich beim Essen angewöhnt hat im Laufe der Zeit, und diese dann nach und nach verändert. Man wird merken, dass es eigentlich gar nicht so schwer ist, wie man gedacht hat: Man kann auch ohne fett- und zuckerhaltige Lebensmittel gut leben und man hat ein supergutes Gefühl dabei, wenn man es schafft: Wenn man sich an ein bestimmtes Essenskonzept halten kann und sein Essverhalten unter Kontrolle hat. Wenn man nicht mehr gebeutelt wird von irgendwelchen Gelüsten und unkontrolliertem Verlangen nach Essen. Man ist dem nicht mehr hilflos ausgeliefert und das ist schon ein großer Erfolg, denn man fühlt sich wohler. Das Verlangen nach den ungesunden Sachen lässt nach und verschwindet immer mehr, auch wenn man sich das erst mal nicht vorstellen kann.

Wichtig ist auch, stolz auf sich zu sein, wenn man es geschafft hat zu verzichten und sich an seinen Ernährungsplan gehalten hat. Das kann man als Erfolg für sich selbst verbuchen: Man weiß, das man es geschafft hat und auch weiter schaffen kann! Das erste Ziel ist zunächst einmal, die Ernährungsumstellung zu schaffen. Der Erfolg Kilos zu verlieren, stellt sich dann ganz von selbst ein.
Immer in kleinen Schritten, und jeder kleine Schritt wird als Erfolg verbucht. Wer zu viel auf einmal will, hat schon verloren.

Wie kann ich das Gewicht halten?

Das Abnehmen sollte langsam erfolgen, und das muss es auch, das ist ganz wichtig. Man darf nicht zu schnell abnehmen, denn was man schnell abnimmt, nimmt man auch schnell wieder zu. Das ist leider so. Nur das, was man langsam abnimmt, kann man als Gewicht dauerhaft halten. Grundsätzlich gilt: Je schneller man abnimmt, desto schneller nimmt man wieder zu. Das sollte man sich immer sagen, wenn man mal die Geduld verliert, weil es zu langsam geht: Je langsamer, desto besser! Denn das, was sich langsam als Gewicht verfestigt, wird dauerhaft das Gewicht bleiben. Man kann schon mal genervt sein, wenn es mit dem Abnehmen zu langsam geht. Jedoch sollte man sich immer sagen, dass das genau der richtige Weg ist:

Je langsamer ich abnehme, umso besser kann ich mein Gewicht halten. Lieber langsam abnehmen und das Gewicht halten können, als schnell abnehmen und dann auch schnell wieder zuzunehmen.

Das hilft einem über die Durststrecke, wenn es mal zu langsam geht. Wenn man langsam abnimmt, hat man eben den Nachteil, dass man erst mal nicht oder kaum sieht, dass man abgenommen hat. Das sollte aber nicht demotivieren, denn ob man es sieht oder nicht, ist erst einmal egal: Hauptsache ist, dass man abnimmt. Ob oder wann man es sehen kann, kommt erst an zweiter Stelle.
Also: Lieber langsam abnehmen. Wer langsam abnimmt, hat keinen Jojo-Effekt. Das, was ich abgenommen habe, bleibt endlich mal mein Gewicht und ich nehme nicht wieder zu. Und: Meine Haut hat Zeit, sich zurückzubilden. Dann muss ich auch keine Angst haben, dass nach dem Abnehmen die Haut an allen möglichen Stellen schlaff herunterhängt. Das mit der Haut darf man nicht unterschätzen: Nimmt man zu schnell viele Kilos ab, hängt die Haut, vor allem am Bauch. Und das kann leider nicht mehr rückgängig gemacht werden. Um der wabbeligen Haut entgegenzuwirken, sollte man während der Diät auf jeden Fall regelmäßig Gymnastik machen.

Wenn man abgenommen hat und versucht, das neue Gewicht zu halten, wird das Gewicht immer wieder zwischen 1 bis 2 Kilo mehr und weniger schwanken. Es kann durchaus sein, dass man mal 1 Kilo mehr wiegt, obwohl man am Tag vorher nicht viel mehr gegessen hat als sonst. Das kann schon mal vorkommen und kann mit Wassereinlagerungen oder der Verdauung zu tun haben. Dieses Kilo mehr ist meistens am nächsten Tag schon wieder von selbst verschwunden. Dass das Gewicht also immer mal wieder um ein oder zwei Kilo schwankt, ist ganz normal. Dann sollte man aber auf keinen Fall aus Frust anfangen zu essen, sondern einfach mit dem

Essensplan weitermachen wie bisher. Denn der Körper muss sich erst einmal auf das neue Gewicht einstellen. Nur dann, wenn der Körper Zeit hat, sich auf das neue Gewicht einzustellen und sozusagen "einzupendeln", wird man das Gewicht auch halten können.

Wenn man etwa vier bis fünf Kilo abgenommen hat, sollte man nicht weiter abnehmen, sondern das Gewicht sollte erst mal gehalten werden: Es darf zunächst keine weitere Gewichtsabnahme erfolgen. Wenn das nicht der Fall ist und man weiter Kilo um Kilo abnimmst, ohne dem Körper Zeit zu geben, sich an das neue Gewicht zu gewöhnen, wird man auf jeden Fall einen rasanten Jojo-Effekt haben: Man wird abnehmen und dann, wenn man wieder etwas mehr isst, sofort wieder zunehmen. Das Gewicht wird stetig steigen, ohne dass man etwas dagegen unternehmen kann. Der Körper holt sich rasend schnell das wieder, was ihm wochenlang entzogen wurde und lagert es in den Fettzellen ein.
Das passiert nicht, wenn man dem Körper Zeit gibt, sich an das neue Gewicht zu gewöhnen: Man sollte das Gewicht mindestens 2 Wochen lang halten, bevor man weiter abnimmt. Je länger man das Gewicht hält, ohne weiter abzunehmen, umso besser kann man dann später sein endgültiges Gewicht halten und muss keine Angst haben, dass man wieder zunimmt. Das will man vielleicht erst mal nicht hören, weil man ja unbedingt so schnell wie möglich seine Pfunde loswerden will. Aber das wird so nicht funktionieren, davon kann man sich gleich verabschieden. Man muss geduldig sein und cool bleiben, nur so kommt man zum Ziel. Wenn man das Abgenommene mindestens zwei bis drei Wochen lang gehalten hat, kann man die nächsten Kilos angehen und weiter abnehmen. Wenn man noch länger versucht das Gewicht zu halten, ist das auch in Ordnung.

Wichtig ist auch, Lebensmittel zu vermeiden, die Bisphenol A enthalten könnten. Weitere Informationen hierzu stehen im Kapitel "Bisphenol A"

Sportliche Tipps für Diabetiker

Treppensteigen ist gesund und macht fit. So weit so gut. Wenn man aber 20 bis 30 Kilo zu viel auf den Rippen hat, ist das natürlich nicht so einfach. Es ist sehr mühsam, da spreche ich aus Erfahrung: Ich hatte mich darüber geärgert, dass ich an meinem Arbeitsplatz, der 20 Stockwerke hat, höchstens 4 Etagen hoch laufen konnte. Dann war ich am Ende, stand da, schnaufte und kriegte keine Luft mehr. Es hat mindestens 1 Minute gedauert, bis mein Atem wieder so normal war, dass ich wieder an meinen Arbeitsplatz gehen konnte, ohne dass es peinlich wurde.

Was mach ich eigentlich in einem Notfall, dachte ich mir dann, wenn ich mal mehr Treppen hoch laufen muss, wenn es brennt zum Beispiel? Dann bin ich nach 4 Stockwerken am Ende und komme nicht mehr weiter. Das sind ja schöne Aussichten. Und was ist, wenn ich mal zusammen mit anderen Leuten die Treppen hochsteigen muss, wenn der Fahrstuhl kaputt ist? Dann können die weitergehen und ich stehe da und japse. Nochmal peinlich.

Ich habe dann versucht, jeden Tag Treppen zu steigen und habe mir vorgenommen, jede Woche eine Etage mehr zu schaffen. Das hat leider gar nicht funktioniert. Es war mühsam und die konditionellen Fortschritte waren nur winzig. Dann habe ich entdeckt, dass es Spaß macht, die Treppenstufen hoch zu *rennen* anstatt langsam zu laufen. Bei 5 Treppenstufen klappte das auf Anhieb. Die Vorteile: Es macht Spaß und ist unglaublich effektiv: Es dauert nicht lange, und man hat sofort den Effekt, dass sich die Kondition verbessert, auch wenn man nur 10 Stufen hoch rennt.

Dadurch, dass es einfach nur ein kurzer Sprint ist, können es auch untrainierte Menschen machen. Am Anfang reicht es auch, wenn es nur 5 Treppenstufen sind. Das kann man dann mit der Zeit immer mehr steigern, in dem man entweder mehr Treppenstufen nimmt oder einfach versucht, immer schneller hoch zu laufen. Man sollte versuchen, jedes Mal die Geschwindigkeit ein wenig zu steigern. Das steigert die Kondition enorm und man hat dann beim normalen Treppensteigen auch keine Probleme mehr.

Also Treppen nicht hoch gehen, sondern hoch *rennen*. Es dauert eigentlich nur ganz kurz, aber es bewirkt trotzdem viel, weil es wie ein kleiner Sprint ist. Das Treppenlaufen kann man, wenn man zuhause eine Treppe hat, sehr gut in den Alltag integrieren. Wer keine Treppe hat, kann vielleicht in seinem Treppenhaus die Stufen zur Wohnung hoch rennen oder die Treppe an seinem Arbeitsplatz nehmen.

Durchs Treppenlaufen habe ich meine Kondition unglaublich verbessert. Und ich musste dafür nicht ins Fitnessstudio gehen. Was man an Bewegung zuhause machen und in den Alltag integrieren kann, ist gut. Vor allem für alle, die berufstätig sind und vielleicht nur am Wochenende Zeit haben, Sport zu machen. Oder die sich zu dick fühlen, um ins Fitnessstudio gehen zu können und keine Lust haben, sich von den "Schlanken" begutachten und belächeln zu lassen. Fitnessstudios sind gut, keine Frage. Nur für all jene, die berufstätig sind, eventuell Doppelbelastung mit Haushalt und Beruf haben, ist das Fitnessstudio unter der Woche keine Option. Denn wer abends geschafft von der Arbeit nach Hause kommt, kochen oder andere Hausarbeit erledigen muss, muss sich, wenn er dann endlich mal fertig ist, auch mal ausruhen und entspannen können. Zu denken, dass man dann noch eine Stunde ins Fitnessstudio gehen kann, ist nicht sehr realistisch.

Was auch sehr effektiv ist, sind kurze Sprints auf dem Ergometer (Trimmrad). Das funktioniert so, dass man 30 Sekunden lang so schnell wie möglich in die Pedale tritt. Danach macht man eine kurze Pause und macht dann den nächsten 30-Sekunden-Sprint.

Das Ganze sollte man insgesamt dreimal hintereinander machen. Macht man das mindestens zwei bis dreimal in der Woche, senkt das den Blutzuckerspiegel sehr effektiv und fördert die Kondition. Man nennt das auch "HIT-Training". Es hört sich simpel an und ist es im Prinzip auch. Es bewirkt aber viel, was man auch merken wird, wenn man es regelmäßig macht: Die Kondition verbessert sich enorm, Blutzucker und Blutdruck werden gesenkt.

Also: Dreimal hintereinander 30 Sekunden lang so schnell wie man kann auf dem Ergometer (oder auf einem Fahrrad)in die Pedale treten. Aber wirklich schnell, man sollte auf jeden Fall dabei außer Atem kommen. Pro Woche sollte man das zwei- bis dreimal machen. Durch Bewegung wie die Treppe hoch zu rennen oder auf dem Ergometer zu sprinten wird man nicht nur fitter, sondern es wird vor allem der Blutzucker gesenkt. Das ist der beste Aspekt. Und er senkt sich nicht nur für kurze Zeit, sondern dauerhaft.

Sich bewegen kann man jederzeit, wenn man es will. Kurz und effektiv ist besser, als sich ein mühsames Sportprogramm vorzunehmen, dass man dann doch nicht durchhalten kann. Man muss auch nicht unbedingt gleich Sport machen. Es reicht auch schon, wenn man Gymnastik macht, die dann aber regelmäßig. Wenn man dick ist, ist es halt nicht einfach, Sport zu machen. Man schleppt jede Menge Gewicht mit sich herum, es ist also mühsamer als für jemanden, der dünn ist. Dem fällt es natürlich leichter.

Außerdem ist es ja halt doch so, dass es nicht besonders schick aussieht, wenn man als Dicker durch die Gegend hoppelt. Die Leute machen sich lustig oder sehen einem abschätzend an, das ist einfach so. Und will man das? Erstmal lieber daheim trainieren, bis man fitter ist und sich dann unter Leute traut. Spazierengehen, bei dem man etwas zügiger läuft, ist daher eine gute Alternative. Sehr unauffällig, denn keiner merkt, dass man eigentlich Sport macht :-) Das kann man auch gut machen, wenn man sich noch nicht in Sportkleidung in die Öffentlichkeit traut. Gut ist es, sich ein Ziel zu setzen und sich vorzunehmen, entweder eine bestimmte Strecke (zum Beispiel 2 Kilometer) oder eine bestimmte Zeit (zum Beispiel eine halbe Stunde) zu gehen. Oder man geht einfach jeden Abend um den Block.

Wichtig ist, dass man den Rhythmus findet beim Gehen, der zu einem passt: Also nicht so schnell, dass es einem unangenehm ist, sondern so, dass es passt und trotzdem nicht zu langsam ist. Je öfter man läuft, umso einfacher wird es. Darum sollte man nicht gleich nach dem ersten Mal aufgeben, weil man es zu anstrengend fand. Beim ersten Mal muss es anstrengend sein, beim zweiten Mal fällt es dann schon leichter, beim dritten Mal geht´s noch besser. Irgendwann kann man dann Sachen machen, die man vorher nie gekonnt hätte.

Was man auf keinen Fall tun sollte: Man sollte sich beim Sport machen, Walken oder Joggen nicht mit anderen messen und vergleichen und sich dadurch entmutigen lassen, dass man nicht so schnell oder so fit ist wie andere: Das ist nicht der Punkt. Es ist nicht unser Ziel, so schnell und fit wie andere zu werden, sondern unser Ziel ist es, dass wir unseren Blutzucker durch die Bewegung senken und dass wir dadurch fitter und gesünder werden. Wir machen das aus gesundheitlichen Gründen, und da ist es völlig egal, wie schnell wir sind, sondern es kommt einfach nur darauf an, dass wir uns bewegen. Das ist unser Weg und unser Ziel, die Schnelligkeit oder Kondition spielen dabei überhaupt keine Rolle. Wie schnell wir sind oder die anderen, interessiert uns gar nicht. Wir müssen uns nicht mit anderen messen, denn wir sind ja keine Sportler, sondern wir tun was für unsere Gesundheit. Wichtig ist, das wir uns bewegen, das ist unser Ziel: Die Bewegung.

Wichtig ist auch, dass man sich klar macht, wie gefährlich Diabetes ist und dass man sich nicht in sein Schicksal ergibt. Weil die Krankheit eben nicht weh tut, weil man keine Schmerzen hat, weil man erst mal keine direkten Konsequenzen erfährt, wenn man sich falsch ernährt. Der Prozess ist schleichend, das ist das Tückische. Man kann sich auf gute Blutzuckerwerte nicht verlassen. Denn die können sich auch ganz schnell mal ändern. Man sollte sich nicht darauf verlassen und denken: "Ich kann auch dann noch abnehmen, wenn die Werte schlechter werden". Denn man kann nicht "schnell" abnehmen als Diabetiker. Und erst damit anzufangen, wenn der Blutzuckerwert sehr hoch ist, könnte dann natürlich zu spät sein. Man sollte immer daran denken:

Je mehr ich esse, umso höher wird der Blutzucker

Je mehr ich mich bewege, umso niedriger wird er

Wenn ich mich regelmäßig bewege,

bleibt der Blutzucker niedrig

Den Blutzucker zu senken ist das wichtigste überhaupt, dann kann der hohe Blutzucker keine Organe oder Nerven schädigen. Und den Blutzucker senken kann man selbst: Durch Bewegung! Dafür braucht man keine Medikamente, das kann man selbst in die Hand nehmen. Man ist der Krankheit nicht einfach so ausgeliefert, man kann selbst bestimmen und die Krankheit verbessern und einer Verschlechterung des Gesundheitszustandes entgegenwirken. Auch wenn die Ärzte oft etwas anderes sagen. Für die ist man mit Diabetes meist ein hoffnungsloser Fall: "Diabetes ist nicht heilbar", bekommt man zu hören. "Wenn man Diabetes erst einmal hat, kann man den Prozess nicht mehr umkehren. Irgendwann werden Sie Insulin spritzen müssen, das ist unaufhaltsam."

Das stimmt aber nicht: Man kann durch Abnehmen und Bewegung insulinresistente Zellen wieder "reparieren". Diabetes ist heilbar, nämlich in dem man abnimmt und sich viel bewegt, dadurch können insulinresistene Zellen wieder empfänglich für Zucker und Insulin gemacht werden. Der Zucker kann dann wieder ganz normal wie bei einem gesunden Menschen aufgenommen und in Energie umgewandelt werden.

Weiß man, dass man die Krankheit besiegen kann, ist die Motivation eine ganz andere. Denn es bedeutet, keine Tabletten mehr nehmen zu müssen, normal essen zu können, sich wohl fühlen, fit sein, keine Folgekrankheiten: Ein neues Leben.

Die Motivation

Ganz wichtig um abzunehmen ist die richtige Motivation. Es ist wichtig, zunächst einmal für sich zu klären: Will man überhaupt abnehmen? Oder versucht man es nur, weil man es muss, aus ärztlicher Sicht gesehen? Wenn das der Fall ist, sollte man sich eine Motivation suchen: Einen Grund, warum man abnehmen *will* und nicht, weil man es muss.

Denn man muss es wollen, sonst wird es nicht funktionieren: Der Wille zum Abnehmen muss da sein. Wer nur abnehmen will, weil ihm der Arzt sagt, dass er es muss, wird auch schnell wieder aufgeben oder kann es nur schwer durchhalten. Denn dieses: "Ich muss" ist keine wirkliche Motivation, nichts, was einen auf Dauer durchhalten lässt und Spaß am Abnehmen bringt. Es ist wie eine Art Zwang, dem man sich eigentlich nicht beugen will. Man rechtfertigt das Aufgeben dann vor sich selbst mit: "Ich müsste eigentlich, aber ich kann das nicht durchhalten, also höre ich auf."

Ein Arzt wird dich meistens nicht motivieren können. Er sagt dir, dass du abnehmen musst, aus den einen oder anderen Gründen. Das erreicht den Verstand: Wir sehen ein, dass wir abnehmen müssen. Aber es motiviert nicht. Und ohne Motivation kein Durchhaltevermögen.Wenn man denkt, dass man abnehmen muss, weil man das ständig vom Arzt oder Mitmenschen zu hören bekommt, hat man keine richtige Motivation.

Denn man muss es für sich selbst tun! Das ist der wichtige Punkt: Man tut es für sich und nicht für andere, denn sonst fehlt die richtige Motivation und man wird ganz schnell wieder aufgeben. Wichtig ist einzig und allein die Motivation, die man für sich selbst gefunden hat, die Motivationsgründe, die einem selbst wichtig sind.

Man kann durchhalten, wenn man es wirklich will. Man muss seine ganz eigene Motivation finden, um durchhalten zu können, etwas, was man selbst will und nicht deswegen, weil andere meinen, dass man zu dick ist. Denn das vergisst man ganz schnell wieder, wenn der Hunger oder das Bedürfnis nach Essen wieder da ist. Dabei muss es nicht mal der Hunger oder ein niedriger Blutzuckerspiegel sein, der uns veranlasst, zu Süßigkeiten zu greifen. Sondern einfach nur das Bedürfnis, sich etwas Gutes zu tun, etwas zu genießen oder sich nach einem langen Arbeitstag mit Schokolade oder anderen Leckereien zu "belohnen". Das sind Mechanismen, die sich über Jahre hinweg aufgebaut haben, und die weg zu bekommen natürlich eine gewisse Zeit dauert.

Warum du es tust, das ist dein Ziel, daran musst du festhalten und du musst es herausfinden: Was willst du wirklich und was wünschst du dir am meisten? Was stört dich am meisten und und was soll sich ändern? Finde es heraus, dann hast du ein Ziel vor Augen, was dich motiviert und durchhalten lässt. Finde deine Motivationsgründe, an denen du festhalten kannst und die dich durchhalten lassen.

Motivationsgründe können sein:

Ich will, dass es mir seelisch und körperlich besser geht

Ich will kein Insulin spritzen müssen

Ich will mich wieder besser bewegen können

Ich will keine Diabetes-Folgekrankheiten bekommen

Ich möchte eine bessere Figur haben

Ich möchte Sport machen

Ich möchte wandern gehen

Ich möchte schwimmen gehen

Ich möchte nicht mehr "der/die Dicke" sein

Das musst du vor Augen haben, nur das wird dich motivieren: Du musst dein eigenes, ganz persönliches Motiv finden, weswegen du abnehmen willst und nur das wird dich durchhalten lassen. Und wenn du es geschafft hast, wirst du dich gut fühlen und dich freuen, und zwar für dich selbst, und bestimmt nicht, weil andere gesagt haben, dass du es tun sollst oder du dann irgendeiner Norm entsprichst.

Auch die kleinen Erfolge sind enorm wichtig: Erfolg ist Erfolg, egal ob groß oder klein. Wenn man viel Übergewicht hat, dauert es eben eine Weile, bis sich ein sichtbarer Erfolg einstellt, und wenn er sich einstellt, hat man noch lange keine Idealfigur. Bemerkungen von anderen Menschen wie "Man sieht ja noch gar nichts" sind auch nicht sehr förderlich für die eigene Motivation, besonders wenn die daraus besteht, sich an der Meinung anderer zu orientieren. Wenn man aber bereits zum Beispiel 10 Kilo abgenommen hat, zufrieden ist mit sich und seinen Erfolgen, weil man *schon* 10 Kilo abgenommen hat, das ein Riesenerfolg ist und man die erfreulichen Veränderungen an sich selbst spürt, stellt sich ein Hochgefühl für einen selbst ein, das nicht zu toppen ist. Da interessieren die Kommentare anderer: "Wie, 10 Kilo abgenommen, aber die ist ja immer noch so dick" schon gleich überhaupt nicht mehr. Sie tangieren uns einfach nicht!

Wir freuen uns, dass wir (juchhu!) 10 Kilo abgenommen haben und lassen von niemanden demotivieren! Man freut sich über das, was man erreicht hat und fühlt sich gut. Das gilt natürlich auch, wenn man erst mal nur 4 oder 5 Kilo abgenommen hat. Also nicht: Ich habe *erst* 10 Kilo abgenommen, sondern: Ich habe *schon* 10 Kilo abgenommen. Das ist die richtige Denkweise. Dann fühlt man sich gut. Das ist die Motivation, der Schub, den wir brauchen. Das, was uns weitermachen lässt, und nicht ein nölige Stimme in unserem Kopf, die sagt: "Ach Gott, nur 10 Kilo. Jetzt muss ich mich aber abquälen, um nochmal 10 Kilo abzunehmen. Wie soll ich das bloß schaffen?"

Das motiviert nicht und ist der falsche Weg. Das wird einem zu viel und man gibt auf, weil man denkt, dass man es sowieso nicht schafft. Man setzt sich selbst unter Druck, und das ganz unnötig. Das ist etwas, was man auf keinen Fall machen sollte: Sich selbst unter Druck setzen! Sich selbst Ziele setzen ist in Ordnung. Aber sich selbst unter Druck zu setzen ist der ganz falsche Weg. Dann macht es keinen Spaß mehr und man fühlt sich nicht gut. Lieber denken: "Wenn es mal nicht klappt mit dem Abnehmen, dann

klappt`s halt nicht. Ich mache einfach weiter. Und setze mich nicht selbst unter Druck."
Druck macht man sich unter anderem auch, wenn man seine Ziele zu hoch steckt. Deshalb sollte man sich erst mal kleine Ziele setzen, auch wenn man sehr viel Übergewicht hat. Das erste Ziel sollten immer fünf bis zehn Kilo sein. Danach sieht man weiter.

Motivieren kann man sich mit folgenden Sätzen, die man sich einprägen und verinnerlichen sollte:

Ich weiß, dass ich ohne Jojo-Effekt abnehme und mein Gewicht halten kann

Ich weiß, dass ich normal essen kann und trotzdem abnehme

Ich weiß, dass ich mit jedem Kilo, das ich abnehme, gesünder werde

Du musst es wollen, dann hältst du durch. Und was kann sich dem entgegenstellen? Wann ist es zum Scheitern verurteilt? Antwort: Wenn man aus den falschen Gründen abnehmen will. Denn es geht um die Gesundheit. Also nicht so sehr um das Aussehen und die Figur, sondern darum, seine Gesundheit wiederherzustellen. Das heißt ab jetzt: Dumme Bemerkungen über die Figur ignorieren und nicht ärgern, denn sonst kommt der Frust und dann der Griff zur Schokolade. Blöd, nicht? Ist aber so. Andere Leute sorgen praktisch dafür, dass man noch mehr isst, weil sie einen demoralisieren. Man weiß, dass man abgenommen hat und andere lästern immer noch, dass man ja nichts davon sieht. Aber niemand muss das sehen und darum geht´s auch nicht: Man nimmt nicht ab, um anderen zu gefallen, sondern weil man den Diabetes loswerden und seine Lebensqualität verbessern will.

Es hilft natürlich auch, wenn man jemanden hat, der einen wirklich motiviert. Der auch begeistert ist, wenn man nur zwei oder drei Kilo abgenommen hat und einen bestärkt weiterzumachen. Wenn man aber immer nur hört: "Du hast ja immer noch nicht abgenommen! Wann nimmst du endlich ab! Was isst du denn den ganzen Tag?" ist das natürlich frustrierend. Wenn man abgenommen hat, sollte man sich selbst gut finden, wegen dessen, was man bereits geschafft hat: Die Ernährung umzustellen und damit Kilos zu verlieren. Und zu wissen: Ich habe es geschafft und ich werde es auch weiter schaffen. Man weiß, man kann abnehmen kann, auch ohne einseitige Diäten machen zu müssen. Man kann ganz normal essen und trotzdem abnehmen. Also locker bleiben und sich freuen über das, was man schon geschafft hat, und sich nicht von anderen entmutigen lassen, wenn die Gewichtsabnahme noch nicht sichtbar ist.

Ob ich abgenommen habe oder nicht, würde ich anderen Leuten sowieso nicht auf die Nase binden. Denn die meisten wollen ja gar nicht, dass man abnimmt, sondern dass man so dick bleibt, wie man ist, damit sie was zu lachen haben und sich weiter über einen lustig machen können. Auch angeblich "mitfühlende" Leute sind mit Vorsicht zu genießen. Am besten ist es, mit Infos zu allem, was das Thema betrifft, vorsichtig zu sein oder für sich zu behalten: Gewichtsabnahmen, Kleidergrößen, was man isst. etc. Das geht andere gar nichts an. Denn schnell fällt mal eine Bemerkung, die einen wieder völlig demotivieren kann wie zum Beispiel: "Da musst du aber noch viel abnehmen!" Weil andere gar nicht nachvollziehen können, was für große Schritte man selber macht und wie gut das ist. Das wollen wir nicht und das brauchen wir nicht. Das ist demotivierend und braucht kein Mensch.

Bisphenol A

Was ist Bisphenol A?

Man kann durch einen hormonähnlichen chemischen Stoff, der in Verpackungen von Lebensmitteln enthalten ist, an Gewicht zunehmen: Mit der Chemikalie Bisphenol A. Bisphenol A (kurz BPA) ist in vielen Plastikprodukten enthalten und kann sich aus Verpackungen lösen und so über die Nahrung in den menschlichen Körper gelangen. BPA wirkt wie das weibliche Hormon Östrogen und kann dadurch Gewichtszunahme verursachen, ähnlich wie bei Einnahme der Antibabypille. Es ist in vielen Alltagsgegenständen enthalten, zum Beispiel in Plastikflaschen, Joghurtbechern, Getränkekartons und Dosen. Dass BPA Gewichtszunahme verursachen kann, wurde unter anderem in Tierversuchen mit Mäusen und Fröschen nachgewiesen: Es wurde festgestellt, dass Tiere, die mit BPA-haltigem Futter gefüttert wurden, doppelt so dick wurden wie ihre Artgenossen die normales Futter erhielten.

BPA ist möglicherweise auch für Diabetes verantwortlich. Eine Studie hat gezeigt, dass Menschen, die hohe BPA-Werte im Urin haben, mehr als doppelt so oft an Diabetes leiden als andere. Ebenfalls wurde belegt, dass Frauen mit höherer Konzentration BPA im Urin mehr wiegen als andere Frauen. Die Zahl der unter Diabetes und Fettleibigkeit leidenden Menschen nimmt weltweit seit Jahrzehnten zu. Als Ursachen dafür werden bisher in erster Linie falsche Ernährung und Bewegungsmangel gesehen, neue Studien zeigen aber, dass die Belastung mit hormonellen Schadstoffen einen wichtigen und bisher unterschätzten Anteil daran haben kann.

Wichtig zu wissen: Bisphenol A gehört zu den hormonellen Schadstoffen, die bereits in winzigen Mengen in unseren Hormonhaushalt eingreifen können. In größeren Mengen erkennt der Körper die Chemikalie als Schadstoff und blockt ihn ab. In geringen Dosen nicht, da bei geringen Dosen das Gift vom Körper nicht erkannt wird und somit auch nicht abgewehrt werden kann. BPA kann so in den Organismus eindringen und dort bleiben. Daher sind geringere Mengen an BPA gefährlicher als große Mengen und es schadet auch, wenn sich wenig BPA im Lebensmittel befindet.

Als ich vor einigen Jahren von den Auswirkungen von Bisphenol A erfahren habe, ahnte ich sofort, dass das die Ursache meiner Gewichtsprobleme sein könnte. Ich habe daraufhin im Internet nach mehr Informationen gesucht und wurde durch viele Fakten bestätigt. Dadurch konnte ich mir einiges erklären, was mir bisher unverständlich war: Ich hatte jahrelang erfolglos versucht abzunehmen. Und obwohl ich mich kalorienarm ernährt hatte, nahm ich nicht ab. Das war mir ein Rätsel und natürlich völlig demotivierend. Da fragt man sich dann schon, warum man überhaupt Diät macht, wenn man wenig isst und trotzdem zunimmt.

Es war seltsam, dass ich auf Dauer gesehen überhaupt nicht abnehmen konnte, obwohl ich wochenlang nur wenig gegessen hatte. Und es war mir klar: Das war nicht normal, da konnte was nicht stimmen. Aber ich konnte es mir nicht erklären. Wie auch? Ich hatte damals das Wissen nicht, das ich heute habe. Hätte ich vor Jahren schon von BPA gewusst, hätte ich mir viel ersparen können.

Ich fragte mich: Was ist, wenn ich soviel Diät halten kann, wie ich will und ich trotzdem nicht abnehme? Weil mein Körper einfach so auf diese chemisch veränderten Lebensmittel reagiert und ich dadurch immer dicker werde? Und wenn das wirklich so ist, warum werden Verpackungen, die BPA enthalten, dann nicht verboten?

Warum wird man darüber nicht besser informiert? Fragen, die ich mir gestellt habe, als ich zum ersten Mal von den Auswirkungen von Bisphenol A erfahren habe. Und ich bin mir sicher: Ich habe mit BPA belastete Lebensmittel gegessen und bin dadurch dick geworden.

Dies zu erkennen, war erst einmal ein Schock, den ich verarbeiten musste. Erst einmal die Tatsache, dass so etwas überhaupt möglich ist: Obwohl bereits durch Versuche mit Tieren nachgewiesen wurde, welche Auswirkungen BPA hat, interessiert es offensichtlich niemanden, dass dieser Stoff in Lebensmitteln enthalten sind, die wir täglich zu uns nehmen. Wenn es so ist, dass man durch mit BPA belastete Lebensmittel dick werden kann, diese jedoch weiter verkauft werden, müsste man zumindest über die Auswirkungen informiert werden. BPA macht nicht nur dick, sondern kann wahrscheinlich auch Diabetes verursachen. Wenn ich mir vorstelle, dass es sein kann, dass ich Diabetes habe, weil ich die falschen Lebensmittel gegessen habe und dass ich krank geworden bin, weil ich nichts darüber wusste, packt mich die Wut. Die Gesundheit der Menschen ist offensichtlich nicht so wichtig: Der Profit der Unternehmen, die diese Lebensmittel herstellen, ist wichtiger.

Als mir klar wurde, welche Auswirkungen BPA hat, habe ich sofort versucht, alles zu vermeiden, worin die Chemikalie enthalten sein könnte: Ich habe nur noch Lebensmittel mit Verpackungen gekauft, die entsprechend gekennzeichnet waren und an denen man erkennen konnte, ob sie BPA enthalten. Ich habe keine Getränke aus Getränkekartons und Plastikflaschen mehr getrunken und mich ausschließlich von Lebensmitteln ernährt, in denen kein BPA enthalten sein kann: Frisches Gemüse, Obst, Brot usw. Und ich nahm tatsächlich ab. Ich nahm die abgenommen Kilos auch nicht wieder zu, wie das die ganze Zeit immer der Fall war, sondern ich konnte mein Gewicht halten und noch weiter abnehmen. Ich machte nicht ständig Diät, sondern aß einfach nach meinem Ernährungsplan. Und es war trotzdem kein Problem, das Gewicht zu halten und abzunehmen.

Ich bin mir sicher: Wer BPA vermeidet, wird abnehmen können, auch wenn er es bisher nicht geschafft hat. Und er wird sein Gewicht auch halten können.

Wie erkennt man, worin BPA enthalten ist?

Zu Beachten ist Folgendes:

Bisphenol A findet man in Verpackungen, Milchtüten, Plastikflaschen und Behältern für Lebensmittel und Getränke sowie in Dosenbeschichtungen. Um zu erkennen, ob eine Verpackung BPA enthält, hilft der Kunststoff-Code, der auf den Verpackungen angegeben ist:

Verpackungen mit Code 2 und Code 4 (Polyethylen) und Code 5 (Polypropylen) sind frei davon, diese Materialien sind sicher.

Verpackungen mit der Kennzeichnung PET (Code 1), PVC (Code 3) und Polystyrol
(Code 6) enthalten zwar kein BPA, können aber eventuell hormonähnliche Weichmacher enthalten.

Die Chemikalie verbirgt sich aber in Polycarbonat (Abkürzung PC). Wenn auf dem Produkt die Abkürzung "PC" oder Code 7 aufgedruckt ist, weist das auf Polycarbonat und somit auf Bisphenol A hin.

Wichtig: In Plastikverpackungen, die nicht gekennzeichnet sind, steckt meistens BPA

Bei Plastikbecherverpackungen wie zum Beispiel bei Joghurt oder Quark befindet sich die Bezeichnung meistens auf dem Becherboden. Diese ist dann nicht aufgedruckt, sondern eingestanzt und man muss genau hinsehen, um sie zu erkennen. Beim Erwärmen können sich BPA-Moleküle besonders leicht aus Kunststoffen herauslösen. Lebensmittel sollte man daher nicht in Plastikbehältern erwärmen und Fertiggerichte nicht in der Verpackung erhitzen. Zur Lebensmittelaufbewahrung sollte man Behälter aus Glas, Edelstahl oder Keramik benutzen oder Plastikbehälter innen mit Frischhaltefolie auslegen. Problematisch sind vor allem fetthaltige Lebensmittel, weil sie die Weichmacher am stärksten aus der Verpackung herauslösen. Dazu gehören in Plastik eingeschweißter Käse und Wurst, Butter, Sahne, Mikrowellengerichte und Speiseöl in der Plastikflasche.

Wer schützt den Verbraucher?

Mein Fehler war einfach, dass ich es so gemacht habe, wie es fast jeder macht: Ich habe kritiklos alles gekauft, was es im Supermarkt zu kaufen gibt und war immer so naiv zu denken: Was im Supermarktregal steht und verkauft wird, kann ja nicht gesundheitsschädlich sein.... Ziemlich dumm, so im Nachhinein gesehen. Aber heute weiß ich: Es geht nur um den Profit. Die Gesundheit der Menschen interessiert die Lebensmittelindustrie nicht. Es interessiert die Unternehmen vielleicht dann, wenn man nachweisen kann, dass ihre Produkte auf Dauer gesundheitsschädigend sind. Aber wer kann das schon nachweisen?

Langzeitstudien und Forschungen dahingehend müssen bezahlt und finanziert werden, und das wird in den seltensten Fällen von unabhängigen Instituten gemacht. Natürlich werden solche Studien auch von den Konzernen selbst in Auftrag gegeben. Und wenn diese Studien vom Hersteller in Auftrag gegeben werden, kann man sich ja denken, was am Ende dabei herauskommt.... jedenfalls nichts Negatives für den Hersteller. Dann ist natürlich alles ganz harmlos und unbedenklich. Denn die Konzerne haben ihre eigenen Gutachter, die natürlich auch von den Konzernen bezahlt werden. Studien, die von einem Hersteller in Auftrag gegeben werden, haben daher immer dasselbe Ergebnis: Nämlich, dass alles gut und schön unbedenklich ist. Natürlich, was auch sonst. Nie im Leben würde ein Konzern freiwillig ein Produkt vom Markt nehmen, weil es gesundheitsschädlich ist. Nur, wenn man das nachweisen kann. Und selbst dann wird ein Produkt nicht gleich vom Markt genommen, außer es wird jemand sofort nach dem Verzehr krank oder stirbt. Das ist natürlich krass ausgedrückt, aber es stimmt ja doch. Und wenn herauskommt, wie gesundheitsschädlich etwas ist, wird sofort dementiert und abgestritten, dass es so ist.

Es wird immer dementiert werden. Darauf zu warten, dass sich von Seiten der Industrie etwas ändert, ist sinnlos, denn dann kann man lange warten. Also sollte man für sich selbst die Konsequenzen ziehen. Den genauen Nachweis der Ursache für eine Krankheit zu erbringen, ist extrem schwierig und eigentlich unmöglich. Wenn die Ursache in der Nahrung liegt, sowieso fast unmöglich bei der Vielfalt an Lebensmitteln, die wir essen. Keiner wird je exakt nachweisen können, dass ein bestimmtes Lebensmittel oder eine bestimmte Substanz die Krankheit, die man hat, verursacht hat. Also ist dem Lebensmittelmissbrauch Tür und Tor geöffnet.

Zu denken: "Die Sachen werden verkauft, dann müssen sie ja in Ordnung und unbedenklich sein" ist fatal. Denn so ist es nicht. So gutgläubig sollte man nicht sein. Wer kann wissen, welche Auswirkung jahrelanger Konsum von chemisch belasteten Lebensmitteln auf die Gesundheit hat? Wer kann nachvollziehen, warum er eine Krankheit wie Diabetes, Asthma oder Krebs bekommen hat? Wenn ein Mensch krank wird, kann niemand nachvollziehen, warum das so ist und schon gar nicht nachweisen, was die Krankheit ausgelöst hat. Wenn man die Ursache nicht kennt, kann niemand dafür verantwortlich gemacht werden.

Das Spiel kann also noch jahrelang lang so weitergehen. Wir werden alle immer dicker, immer mehr Menschen bekommen Diabetes und alle sind ganz erstaunt, warum dass so ist und an was das liegen könnte. Die Verdoppelung der Zahl der Diabetiker innerhalb der letzten zwanzig Jahre soll nur an mangelnder Bewegung liegen und weil die Leute zu viel essen? Das Ernährungsverhalten von Übergewichtigen hat sich in den letzten Jahren nicht viel verändert im Vergleich zu den letzten Jahrzehnten. Aber ein solch rapider Zuwachs an Diabetikern gab es noch nie. Die Leute waren schon immer übergewichtig, aber noch nie war die Zahl der Diabetiker so hoch. An zuviel Essen allein kann das nicht liegen.

Was kann man selbst tun?

Natürlich werden jetzt viele sagen: Das BPA dick macht, stimmt nicht. Es ist nicht bewiesen und nur eine Ausrede von dicken Menschen, die zu viel essen und sich nicht bewegen. Ich rede hier aber nicht von wissenschaftlichen Beweisen, sondern von mir selbst: Von meinen eigenen Erfahrungen, die ich gemacht habe. Dafür brauche ich keine wissenschaftlichen Studien: Ich weiß, dass ich 20 kg abgenommen habe, seitdem ich auf Lebensmittel verzichte, die chemisch belastet sein könnten. Und das, obwohl ich davor nicht abnehmen konnte und immer dicker geworden bin.
Es ist eine Tatsache, dass sich mein Langzeitblutzuckerwert erheblich verbessert hat. Sogar so, dass ich jetzt einen Wert habe wie ein gesunder Mensch. Ich halte das nicht für einen Zufall. Es ist natürlich für andere einfach zu sagen: "Das stimmt alles nicht, das kann nicht sein." Um weiter gutgläubig alles zu kaufen, was im

Supermarktregal steht. Weil es einfacher ist, sich nicht mit der Wahrheit auseinanderzusetzen und weiter so zu tun, als wenn alles in Ordnung wäre. Wenn es aber um die eigene Gesundheit geht, lohnt es sich, das doch zu tun.

Man sollte, um der eigenen Gesundheit willen, seine Gewohnheiten überdenken und ändern. Es ist eigentlich gar nicht so schwierig. Aber man muss bereit dafür sein, die Augen zu öffnen. Die einfachere Denkweise ist natürlich, lieber nicht zu glauben, dass viele über die gesundheitlichen Folgeschäden und Risiken Bescheid wissen und trotzdem weiter ihre Geschäfte machen und auf die Gesundheit der Menschen pfeifen. Nach dem Motto "Wenn der Konsument so dumm ist, alles kritiklos zu kaufen, ist es doch seine eigene Sache. Er muss es ja nicht kaufen." Eben, und genau das ist der Punkt. Ich muss es ja gar nicht kaufen! Ich kann auch einfach eine Alternative kaufen, etwas, was meiner Gesundheit auf jeden Fall nicht schadet, weil kein BPA enthalten sein kann. Ich geh einfach den Risiken aus dem Weg und kaufe etwas anderes, denn Ersatz gibt es genug.

Wichtig zu wissen ist: Nehme ich große Mengen BPA zu mir, schadet das nicht, weil der Körper das Gift erkennt und abstößt und es so nicht in die Körperzellen gelangen kann. Der Körper lässt jedoch kleine Mengen BPA in die Zellen hinein, weil er das Gift als solches aufgrund der geringen Menge nicht erkennt. Ist also eine Plastikflasche nur minimal mit BPA belastet, schadet sie mir. Kleine Mengen über den Tag verteilt reichen aus, um meinen Körper hormonell zu verändern und auf Dauer zu schädigen. Die Ausrede, das in Verpackungen nur winzige Mengen BPA enthalten sind und diese somit nicht schaden können, stimmt also nicht.

Chemische Gesundheitsrisiken

Ein Beispiel, wie mit Gesundheitsrisiken bei Produkten umgegangen wird:
Aluminium in Deodorants kann Krebs verursachen. Das ist erwiesen. Sind deswegen Deosprays mit Aluminium verboten? Nein. Ist das nicht erstaunlich? Nachweislich kann Aluminium im Deo Krebs verursachen, aber es wird trotzdem vom Gesetzgeber nicht verboten, Deosprays mit Aluminium herzustellen und zu verkaufen. Das sagt doch schon alles. Nicht mal ein Warnhinweis muss vom Hersteller angebracht werden. Im Namen des Profits und um die Umsätze der Hersteller zu schonen, wird von der Politik gar nichts unternommen. Es interessiert keinen. Nur die Hersteller müssen jetzt umdenken, da es sich ja jetzt herumgesprochen hat, wie schädlich Aluminium ist und produzieren jetzt auch Deodorants ohne Aluminium.

Und wenn das nicht der Fall gewesen wäre? Wenn man nicht durch die Presse darauf aufmerksam gemacht worden wäre? Dann wäre gar nichts passiert und wir würden weiter Deosprays mit Aluminium benutzen und ab und zu würde jemand an Krebs sterben und keiner wüsste warum. Zynisch? Eher wohl die bittere Wahrheit.

Es soll aber auch Leute geben, die noch nicht wissen, dass Aluminium im Deo Krebs verursachen sein kann. Und die haben dann eben Pech gehabt. Ist das richtig so? Was für Stoffe befinden sich noch in Kosmetika, in Cremes, Shampoos und Haarfärbemitteln? Das mit dem Aluminium kam jetzt raus, aber das war nur ein Zufall durch die jahrzehntelange Beobachtung von Ärzten, die den Zusammenhang der Benutzung von Deosprays und die Verdoppelung der Anzahl der Lymphdrüsenkrebspatienten erkannt und diese Information öffentlich gemacht haben.

Gesundheit interessiert die Hersteller nicht. Solange man nichts

nachweisen kann, hat derjenige, der die Produkte benutzt und davon krank wird, halt einfach Pech gehabt. So ist das. Es wird abgestritten, schöngeredet, beschwichtigt, gelogen und weitergemacht. Alles auf Kosten der Verbraucher.
Es ist besser, sich selbst zu informieren und für sich selbst Konsequenzen zu ziehen. Man muss sich selbst schützen, denn die Industrie oder die Politik tut es mit Sicherheit nicht. Denn was interessiert die Industrie die Gesundheit der Menschen? Nichts, denn die wollen natürlich Geld verdienen. Bevor herauskommt, dass ein Stoff, der in einem Lebensmittel oder in Kosmetika enthalten ist, schädlich ist, dauert es lange. Denn meistens kann niemand nachweisen, woher das gesundheitliche Problem kommt, das man hat.

Ich erzähle meine Geschichte, weil ich nicht möchte, dass es anderen genauso ergeht wie mir und weil ich anderen Menschen helfen möchte. Ich wurde durch chemisch belastete Lebensmittel übergewichtig und durch die richtige Ernährung geht es mir wieder besser. Ich habe abgenommen und wieder normale Blutzuckerwerte. Ich erzähle einfach nur, was mir passiert ist, wie es mir ergangen ist und wie froh ich bin, dass ich endlich weiß, wie ich mir selbst helfen kann. Dass es so einfach ist, sich selbst zu helfen und wieder gesund zu werden. Es kostet nichts und man braucht keine Tabletten dafür zu nehmen.

Ich erhebe hier keinen wissenschaftlichen Anspruch. Ich erzähle nur, was mir passiert ist und äußere meine persönliche Meinung zu diesem Thema. Alles, was ich hier schreibe, basiert auf meiner eigenen Erfahrung. Wer es nicht glauben will, soll es bleiben lassen und für alle anderen hoffe ich, dass dies hier eine Hilfe ist, endlich mit den Problemen, die man als Diabetiker hat, klarzukommen: Endlich abnehmen zu können und sich nicht immer mehr und mehr gesundheitlich zu schädigen. Aus dem Teufelskreis, in dem man gefangen ist, herauszukommen und endlich zu wissen, warum man in dem Teufelskreis gefangen ist. Ich will anderen Menschen helfen, denen es genauso geht wie es mir ging. Menschen, die durch falsche Ernährung und chemische Belastung dick geworden sind und Diabetiker wurden. Nicht, weil sie zu viel, sondern weil sie das Falsche gegessen haben: Mit BPA belastete Lebensmittel.

BPA ist sicher nicht bei allen Übergewichtigen der Grund für ihr Übergewicht. Wenn man sich aber kalorienarm ernährt und trotzdem nicht abnimmt, sondern im Gegenteil noch zunimmt, dann ist etwas nicht in Ordnung. Das ist nicht normal und ein deutliches Zeichen dafür, dass etwas nicht stimmt.
Und ich rede hier nicht davon, dass man gefühlt wenig isst. Das ist eine Sache, die ein Trugschluss sein kann. Manchmal denkt man, man isst wenig und isst trotzdem zu viel. Man sollte nachprüfen, was man den Tag über gegessen hat. Sich selbst belügen sollte man nicht. Wenn man aber unter seinem Grundumsatz bleibt, auch noch zusätzlich Sport gemacht hat und trotzdem zunimmt, dann kann etwas nicht in Ordnung sein. Daran kann man erkennen, dass eventuell eine künstliche Hormonbelastung vorliegt, die dick macht.

Es ist davon auszugehen, dass BPA nicht bei jedem Menschen dieselben gesundheitlichen Auswirkungen hat. BPA kann nicht bei jedem Menschen Diabetes oder Übergewicht verursachen, da ja auch nicht jeder Mensch zuckerkrank werden kann. Nur wer die entsprechen Gene und die Veranlagung dazu hat, kann Diabetiker werden. Somit kann Bisphenol A natürlich nicht bei jedem Diabetes auslösen und wird auch nicht jeden dick und übergewichtig machen. Aber eben bei manchen, so wie bei mir.

Süßstoff

Ebenso wichtig wie die Vermeidung von BPA ist es, keinen Süßstoff zu verwenden und keine Light-Produkte, die künstliche Süßstoffe enthalten. Süßstoff ist für Diabetiker schädlich.

Was im Körper passiert, wenn wir Süßstoff zu uns nehmen:

Durch den Süßstoff wird dem Körper vorgespiegelt, dass er Zucker erhält. Nehmen wir Süßstoff zu uns, sei es in Light-Getränken oder als Süßstoff in der Tasse Kaffee, wird durch den süßen Geschmack im Mund an das Gehirn gemeldet: "Achtung, Zucker kommt" und der Körper bereitet daraufhin die entsprechenden Maßnahmen vor, die eintreten würden, wenn der Körper tatsächlich Zucker erhalten würde: Die Bauchspeicheldrüse schüttet dann Insulin aus, damit mit Hilfe des Insulins der Zucker in die Zellen transportiert werden kann. Das ist aber natürlich sinnlos, da der Körper gar keinen Zucker erhält, sondern einfach nur künstliche Süße, die vom Körper überhaupt nicht verwertet werden kann.

Da dies jedes Mal passiert, wenn wir Süßstoff irgendwelcher Art zu uns nehmen, ist die Bauchspeicheldrüse auf Dauer mit dem ständigen Insulinausstoß überlastet. Sie wird immer weiter angetrieben, ständig sinnlos Insulin zu produzieren, bis sie irgendwann erschöpft ist und nicht mehr richtig funktioniert. Dann kann sie weniger Insulin ausstoßen, als eigentlich notwendig wäre, um den Zucker in die Zellen zu transportieren. Die Zellen sind außerdem durch den ständigen Insulinbeschuss resistent geworden gegen das Insulin. Da der Zucker dann nicht mehr in die Zellen reinkommt, fließt er zurück ins Blut und bleibt dort. Dadurch steigt der Blutzuckerspiegel an. Ist das dauerhaft der Fall, hat man Diabetes. Der zu hohe Blutzuckerspiegel schädigt dann Organe und Nerven.

Süßstoff kann also bei Diabetikern den Gesundheitszustand verschlechtern. Daher sollte man lieber auf Süßstoff verzichten, selbst wenn man ihn nur für eine Tasse Kaffee nimmt. Ein Teelöffel Zucker anstatt Süßstoff für die Tasse Kaffee ist gesünder und schadet in der geringen Menge auch Diabetikern nicht.
Zum Vergleich: Viel mehr Zucker nimmt man zu sich, wenn man zum Beispiel einen Becher Früchtejoghurt isst. Dieser enthält in der Regel etwa fünfzehn Gramm Zucker, das entspricht etwa zehn Teelöffeln Zucker. Der versteckte Zucker in Fertiglebensmitteln ist es also, der der Gesundheit mehr schadet, nicht der Löffel Zucker im Kaffee. Besser ist es, darauf achten, wie viel Zucker in den verpackten Lebensmitteln ist, die wir jeden Tag essen. Man kann auch versuchsweise einmal diese Zuckermengen in Teelöffeln abmessen und bekommt dann eine Vorstellung davon, wie viel Zucker man praktisch unbemerkt pro Tag zu sich nimmt, ohne sich dessen bewusst zu sein.
Wenn man nicht ganz auf süße Getränke wie Limonade oder Cola verzichten kann, sollte man daher lieber ein kleines Glas davon trinken als eine Literflasche Limonade mit Süßungsmitteln. Denn Lightprodukte sind schädlicher als zuckerhaltige. Hört sich paradox an? Ist es nicht. Auf die Menge kommt es an. Zucker in gesunden Mengen schadet nicht und ist gesünder als dauerhaft auf Zucker zu verzichten und sich nur von Lightprodukten mit Süßstoff zu ernähren.

Diabetes ist heilbar

Ich fühle mich gesund und fit und habe zur Zeit einen Langzeitblutzuckerwert von 5,2, also wie ein gesunder Mensch. Für mich heißt das, dass ich im Moment gar keine Diabetikerin bin. Auch wenn einem jeder Arzt sagt: "Diabetes ist nicht heilbar! Mit jedem Jahr, das Sie älter werden, steuern Sie mehr auf Diabetes Typ 1 zu, das lässt sich nicht vermeiden."

Das stimmt nicht und sollte man sich auch nicht einreden lassen. Ich fühle mich gesund, habe gesunde Blutwerte und bin fit. Also bin ich gesund, aus meiner Sicht. Das ist ein tolles Gefühl. Und kann mit so einfachen Mitteln erreicht werden. Ich muss gar nicht mühsam Diät halten und jeden Tag auf Sachen verzichten, die mir schmecken. Man muss sich zurückhalten und kann nicht ständig fetthaltig, süß und über seinem Grundumsatz an Kalorien essen. Das funktioniert nicht. Man muss sich aber jetzt nicht nur noch von Salat und Rohkost ernähren. Man muss versuchen, täglich unter einer bestimmten Anzahl von Kalorien zu bleiben und keine mit BPA belasteten Lebensmittel zu essen. Und auch wenn man vielleicht sein Gewicht nicht ständig reduzieren kann, kann man damit auf jeden Fall einen guten Langzeitblutzuckerwert erreichen.

Diabetes ist ein Riesengeschäft und die wenigsten haben ein Interesse daran, dass es weniger Diabetiker gibt oder dass diese wieder gesund werden: Weder die Ärzte noch die Pharmaindustrie, denn die verdienen sich eine goldene Nase an Medikamenten, Zuckerteststreifen, Blutzuckermessgeräten etc. Ein Milliardengeschäft. Deswegen wird auch Ihr Arzt wahrscheinlich die Nase rümpfen, wenn Sie mit der Theorie kommen, durch Vermeidung von BPA einen besseren Blutzuckerwert zu bekommen und besser abnehmen zu können. Das wird Ihnen wahrscheinlich keiner glauben. Also probieren Sie es einfach aus, es gibt kein

Risiko dabei. Und lassen Sie sich nicht von Besserwissern beirren, die es abtun als medizinisch nicht erwiesen, wissenschaftlich nicht erforscht usw. Denn Sie sind krank und wollen gesund werden und nicht die anderen.

Die Erforschung der Ursachen für Diabetes ist der Pharmaindustrie herzlich egal. Die haben nur dann Interesse, wenn sie durch solche Forschungen eine neues Medikament entwickeln und damit noch mehr Geld verdienen können. Dass Sie gesund sind oder werden, bringt niemandem Geld, also besteht daran auch kein Interesse. Wenn Forschungen ergeben würden, was Diabetes verursachen kann, würden die Forschungsergebnisse wahrscheinlich gar nicht veröffentlicht werden. Niemand hat Interesse daran, dass Diabetiker wieder gesund werden oder gesunde Menschen erst gar keinen Diabetes bekommen. Zumindest dann nicht, wenn sich damit kein Geld verdienen lässt. Und das ist hier ja der Fall: Chemisch belastete Lebensmittel und Süßstoff wegzulassen kostet Sie nichts und es schadet Ihnen nicht. Sie müssen dafür nicht in die Apotheke gehen und sich keine Medikamente kaufen. Also verdient niemand an dieser Methode. Deshalb wird auch niemand Interesse daran haben, dass sich Diabetiker daran halten, damit sie gesund werden.

Probieren Sie den Weg: Für sich, für Ihre Gesundheit. Sie können nur gewinnen und es lohnt sich, es einfach auszuprobieren. Dabei kann man nichts verlieren, man kann sich gesundheitlich nur verbessern. Und den Diabetes besiegen.

Neuropathie

Was ist Neuropathie?

Ich hatte jahrelang Diabetes, ohne es zu wissen. Als dann die Krankheit endlich diagnostiziert wurde, hatte ich bereits eine Folgeerkrankung: Neuropathie. Die Neuropathie ist eine Erkrankung der Nerven in den Beinen und eine der häufigsten Folgekrankheiten von Diabetes. Die Krankheit entsteht, wenn bei Diabetikern durch den hohen Blutzuckeranteil im Blut die Nerven geschädigt werden. Diese Nervenschädigung hat zur Folge, dass man oft starke Schmerzen in den Füßen und Beinen hat. Zudem heilen Wunden nur sehr langsam und im Extremfall können Wunden offen bleiben. Das kann im schlimmsten Fall zur Amputation des Beines führen.

Ich hatte aufgrund der Neuropathie früher sehr starke Schmerzen in den Füßen. Oft waren es die sogenannten "einschießenden" Schmerzen, bei denen der Schmerz so schlagartig kam, dass mir erst mal die Luft wegblieb und ich mich im ersten Moment nicht bewegen konnte vor Schmerzen. Zusätzlich zu den einschießenden Schmerzen hatte ich noch dauerhafte brennende Schmerzen beim Gehen, so dass ich nicht mehr laufen konnte ohne zu hinken oder nur sehr langsam laufen konnte.

Es gibt nur wenig hilfreiche Informationen über die Neuropathie und ihre Heilungs- und Behandlungsmöglichkeiten, obwohl eigentlich sehr viele Diabetiker davon betroffen sind. Es gibt meistens immer nur die gleichen Aussagen dazu wie: "Die Krankheit ist nicht heilbar, es gibt keine wirksamen Medikamente". Also letztendlich: Man kann nichts machen. Wenn man davon betroffen ist, hat man Pech gehabt. Schmerztabletten helfen gegen den Schmerz, haben aber natürlich keine heilende Wirkung. Und Schmerztabletten sind gefährlich: Man kann süchtig danach werden und wenn sich der Körper daran gewöhnt, wirken sie nicht mehr. Man muss zu noch stärkeren Schmerzmitteln greifen, und diese wirken dann irgendwann auch nicht mehr.

Schmerzmittel sind also keine Lösung, aber was dann? Fragt man einen Arzt, bekommt man meistens nur die Auskunft: "Da kann man nichts machen, die Krankheit ist nicht heilbar. Man kann das Fortschreiten der Krankheit nicht aufhalten. Sie müssen sich damit abfinden, es gibt keine Heilung."
Ein Interesse an der Problemlösung gibt es nicht. Hat man Neuropathie, ist man abgestempelt und kommt in die Schublade "Hoffnungsloser Fall". Das Einzige, was meinem Arzt einfiel, war mir zu einem "neuen Mittel" zu raten: Die Therapie kostete die Kleinigkeit von 450 Euro und wurde nicht von der Krankenkasse bezahlt. Originalton Arzt: "Bei manchen wirkt es, bei manchen nicht, es gibt keine Garantie, das die Therapie wirkt."
Also, wenn das neue Wundermittel dann nicht wirkt, hat man eben Pech gehabt und völlig umsonst 450 Euro gezahlt....

Was kann man tun gegen die Schmerzen?

Der Tiefpunkt war jedoch, als mir mein Arzt gegen die Schmerzen Tabletten verschrieben hat, die eigentlich für Epileptiker bestimmt sind. Er meinte, damit hätte man schon gute Erfolge erzielt. Auf die fatalen Nebenwirkungen des Medikaments hat er mich aber nicht hingewiesen. Die Nebenwirkungen können folgende sein: Benommenheit, Schläfrigkeit, Unkonzentriertheit, in Folge dazu unfallbedingte Verletzungen, verschwommenes Sehen, Verlust des

Sehvermögens, Herzmuskelschwäche, Nierenversagen, Selbstmordgedanken, Selbstverletzungen, Krampfanfälle, verringerte Gehirnfunktion, verminderte Verkehrstüchtigkeit, verminderte Fähigkeit beim Bedienen von Maschinen. Na toll.

Und damit soll man ein normales Leben führen? Wie soll das denn gehen? Wie soll man arbeiten gehen, wenn man von dem Medikament "benommen" werden kann, und wie soll ich mit dem Auto zur Arbeit fahren, wenn man laut Packungsbeilage gar nicht Auto fahren darf? Sollte man "Selbstmordgedanken" haben, wurde einem laut Packungsbeilage empfohlen, sich an einen Arzt zu wenden.... Was soll ich mit einem Medikament, von dem ich so depressiv werden kann, dass ich Selbstmordgedanken bekomme? "Also, das kann´s natürlich nicht sein" habe ich mir gedacht und wollte diesen Weg nicht gehen. Ich habe daher nach Alternativen gesucht und bin dann tatsächlich fündig geworden mit diesem Thema, das offensichtlich niemanden wirklich interessiert, außer denen, die von der Krankheit betroffen sind.

Was ich herausgefunden habe: Ganz wichtig bei der Neuropathie ist das Thema der Durchblutung der Nerven. Die Durchblutung der Nerven in den Füßen und Beinen muss gewährleistet sein, sonst entstehen die Nervenschmerzen. Die Durchblutungsstörungen können durch zu enge oder zu hohe Schuhe entstehen, da sich der Fuß dadurch in einer falschen Stellung befindet. Durch diese Fehlstellung werden die Füße in eine bestimmte Form gequetscht, in der das Blut in den Arterien der Nerven nicht mehr richtig fließen kann. Das verursacht die Durchblutungsstörungen der Nerven und diese wiederum haben extreme Schmerzen zur Folge.

Wenn man das weiß, kann man dem entgegenwirken und die Ursache abstellen, einfach in dem man die richtigen Schuhe anzieht: Schuhe, die nicht drücken und möglichst flach sind, so dass die Nervenbahnen nicht gequetscht werden können. Die Schmerzen durch falsche Schuhe können Tage später noch andauern, auch wenn man den Schuh schon längst nicht mehr anzieht. Es kann also drei oder vier Tage dauern, bis man keine

Schmerzen mehr hat, auch wenn man die richtigen Schuhe anhat. In dem Fall muss man einfach geduldig sein und abwarten, die Schmerzen werden nach ein paar Tagen nachlassen und verschwinden. Ganz wichtig sind also die richtigen Schuhe.

Man muss aber deswegen keine orthopädischen Schuhe oder Gesundheitslatschen anziehen, sondern man kann ganz normale Schuhe anziehen. Man muss nur beachten: Die Schuhe müssen bequem sein! Manchmal hilft es auch, wenn man die Schuhe einfach eine Nummer größer kauft. Eine gute Möglichkeit, bequem zu laufen, sind zum Beispiel Sneaker, Turnschuhe, Ballerinas, Espandrilles und alle Schuhe mit flachen Absätzen. Man sollte nach Möglichkeit immer flache Schuhe anziehen und darauf achten, dass das Material weich ist und dass der Fuß viel Platz hat. Keine Schuhe, die aus hartem Material gemacht sind, sondern Schuhe, mit denen man muss sich wohl fühlt. Bei Sandalen sollte man darauf achten, dass keine Riemchen auf den Fuß drücken.

Wichtig ist also: Der Schuh muss bequem sein und er darf nicht drücken, er darf nicht zu eng und der Absatz nicht zu hoch sein. So kann man ganz einfach einer großen Ursache des Schmerzes entgegenwirken.

Man sollte ausprobieren, mit welchen Schuhen man keine Schmerzen mehr hat. Bei mir war das der Fall, als ich Schuhe mit flachen Absätzen trug. Je höher der Schuh war, desto mehr Schmerzen hatte ich. Also habe ich flache Schuhe getragen, die möglichst weit waren, um den Fuß zu entlasten Am besten waren für mich flache Sneakers aus Stoff, die ich mir eine Nummer größer gekauft hatte. Und es war tatsächlich so: Die Schmerzen beim Laufen gingen schon nach ein paar Tagen weg. Ich konnte ganz normal laufen, ohne wegen der Schmerzen hinken zu müssen. Das hat sich dann nach und nach immer mehr gebessert. Früher hatte ich ständig Schmerzen. Das ist heute Gott sei Dank nicht mehr so.

Wenn man das alles nicht weiß, denkt man, könnte nichts gegen die Schmerzen tun, außer starke Schmerzmittel zu nehmen oder teure Therapien auszuprobieren, die dann im Endeffekt doch nichts bringen. Man kann aber sehr wohl etwas gegen die Schmerzen und die Verschlechterung der Neuropathie tun: Indem man die richtigen Schuhe anzieht und sich viel bewegt..

Bewegung bei Neuropathie

Wichtig bei der Bekämpfung der Schmerzen ist neben den richtigen Schuhen auch vor allen Dingen eines: Bewegung! Viel Bewegung hat mir ebenfalls geholfen, meine Schmerzen zu verringern.

Bewegung muss sein, vor allen Dingen spezielle Fußgymnastik, Spazierengehen, Walken oder Radfahren.

Jeder muss für sich selbst entscheiden, wie viel Gymnastik oder Sport er machen kann. Man sollte nicht von vornherein sagen: Das kann ich nicht! Sicher ist es am Anfang schwierig, wenn man bei jeder Bewegung Schmerzen hat. Davon sollte man sich jedoch nicht abschrecken lassen, sondern die speziellen Fußgymnastik-Übungen erst mal langsam ausprobieren und dann mit der Zeit immer mehr steigern. Und es wird besser gehen, wenn man die Übungen regelmäßig macht. Durch die anfänglichen Schmerzen muss man durch. Diese werden aber, je öfter man die Übungen macht, weniger werden, bis sie irgendwann ganz verschwinden. Ich habe am Anfang auch gedacht: Das schaff ich nie! Ich wollte es aber unbedingt, habe die Zähne zusammengebissen und weiter gemacht und war dann ganz erstaunt, als es schon nach dem dritten Mal viel leichter ging: Die Arterien der Nerven werden wieder besser durchblutet, dadurch reduzieren sich die Schmerzen. Weiterer Effekt: Die Sehnen und Muskeln der Füße werden gedehnt und wieder beansprucht, auch diejenigen, die geschont wurden, weil man nicht viel gelaufen ist wegen der Schmerzen. Der Aufbau der Muskeln und die Dehnung der Sehnen haben somit einen weiteren schmerzlindernden Effekt.

Eine gute Möglichkeit, sich zu bewegen und sich dabei immer mehr steigern zu können, ist das Walken. Einfaches Spazierengehen ist natürlich auch gut, wenn man nicht schnell gehen kann. Wichtig ist einfach, dass man so viel wie möglich läuft oder auf dem Fahrrad oder einem Heimtrainer in die Pedale tritt.
Motivieren kann man sich dadurch, dass man sich ein bestimmtes Ziel setzt, zum Beispiel zweimal in der Woche eine halbe Stunde spazieren gehen. Wichtig ist, dass man es regelmäßig macht und sich ein Ziel setzt, das man erreichen will. Wenn man es durchhält, wird man die Verbesserung sehr schnell spüren und das ist das Gute daran. Man spürt, das sich was verbessert, schon nach zwei bis drei Wochen.

Fußgymnastik ist wichtig und ein wesentlicher Bestandteil zur Förderung der Durchblutung der Nervenstränge. Sie kann im Sitzen oder im Stehen gemacht werden, und man kann sie auch dann machen, wenn man vielleicht schon älter und nicht mehr so beweglich ist. Man sollte sich nicht entmutigen lassen, wenn man am Anfang Schmerzen hat: Mit der Zeit werden die Schmerzen weniger. Einfach ist es erst einmal nicht. Aber es lohnt sich durchzuhalten, den Schmerz zu ignorieren und gegen ihn anzukämpfen, dann wird er mit der Zeit verschwinden. Da hilft nur Durchhalten und am Ball bleiben. Es lohnt sich, denn:

Je mehr ich mich bewege, umso weniger Schmerzen werde ich haben

Noch eine sehr gute Möglichkeit, die Durchblutung und die Beweglichkeit der Füße zu verbessern, ist das Tanzen. Ob man es jetzt zu zweit machen möchte, in einem Fitnesskurs (zum Beispiel Zumba) oder alleine daheim zur Lieblingsmusik herum hüpft, ist egal. Tanzen ist die beste Möglichkeit, auf lange Sicht fit zu bleiben und das beste Fitnesstraining überhaupt: Gut für Herz und Kreislauf, die Durchblutung, die Beweglichkeit und es macht Spaß! Man kann also eine Menge mehr tun als nur Schmerztabletten zu nehmen. Ich spreche aus Erfahrung, denn ich hatte sehr starke Schmerzen, denen ich hilflos ausgeliefert war und die ich selbst durch die richtigen Schuhe und viel Bewegung in den Griff bekommen habe.

Es ist eigentlich ganz einfach: Die Methoden, mit denen man die Krankheit verbessern kann, sind für jeden erschwinglich: Sie kosten gar nichts! Vielleicht ein Abo im Fitnessstudio oder neue Schuhe, das war´s dann aber auch. Darum hat auch kein Arzt Interesse, einem das genauer zu erklären oder darzulegen. Er hat ja nichts davon, denn er kann damit ja nichts verdienen. Womit er was verdient, ist das Verschreiben von Schmerztabletten oder von irgendwelchen obskuren Therapien, deren Nutzen fraglich ist. Das klingt vielleicht zynisch, aber es ist doch die Wahrheit. Daher besteht auch von Seiten des Arztes kein besonderes Interesse, einem zu sagen, dass man durch Sport, Gymnastik, viel Bewegung und die richtigen Schuhe sehr wohl die Krankheit aufhalten und verbessern und vor allen Dingen den Schmerz reduzieren kann. Und das ganz ohne Tabletten.

Ich habe durch Gymnastik und Sport mein Krankheitsbild verbessert und habe nur noch ab und zu leichte Schmerzen. Anders als noch vor Jahren, als ich ständig starke Schmerzen hatte und kaum laufen konnte, weil mir bei jedem Schritt die Füße extrem wehtaten. Damals wurde ich fast depressiv, weil ich gedacht habe, dass das kein Leben ist und es so nicht weitergehen kann bis an mein Lebensende. Man hat keine Lebensqualität mehr, wenn man täglich Schmerzen hat. Das waren keine schönen Zukunftsaussichten für mich und damit wollte ich mich nicht abfinden. Ich wollte kämpfen und habe mich informiert und ausprobiert. Und es hat sich gelohnt: Man kann sehr wohl etwas gegen Neuropathie tun.

Ich habe wieder Lebensqualität und bin nicht mehr am Verzweifeln, so wie damals als ich dachte, dass ich die Schmerzen nie mehr loswerde. Die Nervenschädigung konnte zwar nicht rückgängig gemacht werden, jedoch hat sie sich auch nicht verschlechtert. Und ich habe keine Schmerzen mehr. Das ist für mich die Hauptsache. Heute kann ich, wenn auch nur langsam, joggen. Ich bin dabei fast so langsam wie die Walker, aber das ist mir egal. Wenn ich beim Joggen dann doch mal Schmerzen habe, ignoriere ich sie einfach, beiße die Zähne zusammen und mache weiter. Früher hätte ich nie gedacht, dass ich es schaffe, eine längere Strecke zu walken, geschweige denn zu joggen.

Ich habe es geschafft, ohne Tabletten mit fatalen Nebenwirkungen. Dabei hätte ich nie gedacht, das sich die Krankheit so weit verbessern kann, wie sie sich jetzt verbessert hat. Man darf sich nicht aufgeben und alles glauben und hinnehmen, was einem die Ärzte sagen. Ich schaue wieder zuversichtlich in die Zukunft, weil ich jetzt keine Schmerzen mehr habe.

Fußgymnastik

Übungen im Stehen

Stellen Sie sich auf die Zehenspitzen, am besten hinter einen Stuhl, an dessen Lehne Sie sich festhalten können. Halten Sie sich fünf bis zehn Sekunden auf den Zehenspitzen und senken Sie die Füße dann wieder. Diese Übung zehnmal wiederholen, mit der Zeit steigern. Die Übung kann natürlich auch ohne Stuhl gemacht werden.

Stellen Sie sich in derselben Position kurz auf die Zehenspitzen und senken Sie die Füße wieder, auf die Zehenspitzen und wieder senken, immer im schnellen Wechsel. Das Ganze zehnmal, mit der Zeit steigern.

Übungen im Sitzen

Bei den folgenden Übungen sollte man am besten die Füße hochlegen. Man kann sich auch auf einen Stuhl setzen, einen anderen Stuhl davor stellen und die Füße darauf ablegen.

Mit den Füßen kreisende Bewegungen machen. Zwanzigmal im Uhrzeigersinn kreisen , dann gegen den Uhrzeigersinn kreisen. Die Zahl der Übungen mit der Zeit steigern.

Einen Fuß heranziehen und gleichzeitig den anderen Fuß nach vorne strecken und umgekehrt, immer im Wechsel. Die Übung zwanzigmal wiederholen, mit der Zeit steigern.

Die Zehen von beiden Füßen krümmen und wieder ausstrecken, krümmen und wieder ausstrecken. Die Übung zwanzigmal wiederholen, mit der Zeit steigern.

Auf der Stelle gehen und dabei abwechselnd die Knie so hoch wie möglich ziehen. Das Ganze pro Bein mindestens zwanzigmal.

Ernährungsplan

Stellen Sie sich Ihren täglichen Essensplan so zusammen wie Sie möchten. Frühstücken können Sie mit den für das Frühstück erlaubten Zutaten. Mittagessen und Abendessen können Sie sich aus den Rezepten für Suppen, Salate, Aufläufe, Fischgerichte und den Nudel- und Reisgerichten selbst zusammenstellen. Oder Sie suchen sich einfach aus einem der 40 Tagesvorschläge Ihr "Menü" für den Tag aus.

Pro Tag sind erlaubt:

1 x Frühstück, 1 x Mittagessen, 1 x Abendessen sowie vormittags und nachmittags einen Snack für zwischendurch.

Frühstück, Mittagessen und Abendessen haben jeweils höchstens 400 Kalorien, die Snacks für vormittags und nachmittags jeweils höchstens 150 Kalorien. Das ergibt das eine tägliche Kalorienzahl von etwa 1500 Kalorien.

An den Tagesvorschlägen können Sie sehen, wie Sie Ihren täglichen Essensplan gestalten können. Alle Gerichte und Rezepte sind untereinander austauschbar. Daher können Sie die Sachen, die Ihnen nicht schmecken oder auf die Sie gerade keine Lust haben, durch andere austauschen. Also zum Beispiel anstatt einen Pfirsich eine Banane essen, Reispfanne mit Hähnchenfleisch durch

Kabeljaufilet mit Brokkoli austauschen, oder die Kartoffelsuppe durch einen Kopfsalat ersetzen.

Man muss daher die Kalorien nicht zählen, sondern man sucht sich das, was man essen möchte, einfach aus den vorgegebenen Rezepten und Vorschlägen aus. Sie können kombinieren, wie Sie möchten. Das ist der Vorteil dabei: Man kann sich aussuchen, was einem am besten schmeckt und sich so seinen Essensplan für den Tag nach seinem eigenem Geschmack zusammenstellen, ohne dabei mehr als 1500 Kalorien am Tag zu sich zu nehmen. Der Ernährungsplan ist natürlich auch für Nichtdiabetiker geeignet.

Tipps zum Ernährungsplan

Wer nicht auf ein zweites Frühstück verzichten will, kann vormittags noch ein zusätzliches Frühstück essen. Dann sollte man jedoch aufs Mittagessen verzichten und statt dessen einen Snack essen, zum Beispiel eine Banane oder einen Joghurt.

Anstatt Sahne kann man beim Kochen auch Milch oder Kochsahne verwenden. Kochsahne hat 15 % weniger Fett als normale Sahne. Es gibt sie in größeren Supermärkten oder übers Internet zu kaufen.

Als Snack für zwischendurch kann man anstatt frischem Gemüse auch Gemüse aus dem Glas essen, wie zum Beispiel Rotkohl, Rote Beete oder Karottensalat (jeweils höchsten 250 g). Geschmacklich vielleicht nicht so gut wie frisches Gemüse, wenn man aber keine Zeit zum Gemüseschnippeln hat und es schnell gehen muss, ist Gemüse aus dem Glas auf jeden Fall eine gute Alternative.

Das, was man morgens isst, wird vom Körper relativ schnell verbrannt. Abends sollte man jedoch so wenig wie möglich essen, denn da schlägt es am meisten an. Am besten ist es, spätestens ab 19 Uhr nichts mehr zu essen.

Die Zutaten und Lebensmittel für den Ernährungsplann sollte man immer im Haus haben. Ist das nicht der Fall, greift man schnell mal als Ersatz zu einer kalorienreichen Alternative, die man eigentlich nicht essen sollte. Am besten planen Sie Ihren Ernährungsplan für eine Woche im Voraus und kaufen dann die entsprechenden Zutaten dafür ein.

Frühstück

Erlaubt sind jeweils pro Frühstück:

2 Vollkornbrote

2 Vollkornbrötchen

2 Vollkorntoast

2 Misch- oder Schwarzbrote

4 Knäckebrote

4 Zwieback

150 g Naturjoghurt

1 El Frischkäse

1 El Magerquark

1 El Kräuterfrischkäse

1 El Kräuterquark

2 Tl Marmelade

2 Tl Honig

40 g fettarme Geflügelwurst

40 g Kochschinken

1 hartgekochtes Ei

1 Paprika

Tomatenscheiben

Salat- oder Gewürzgurkenscheiben

Snacks für zwischendurch

1 Apfel

1 Banane

1 Nektarine

1 Orange

2 Mandarinen

1 Birne

2 Kiwis

100 g Trauben

100 g Beeren (Erdbeeren, Himbeeren etc.)

2 Scheiben Ananas

1/4 Salatgurke

2 Karotten

1 roher Kohlrabi

100 g Radieschen

2 Tomaten

3 - 4 Gewürzgurken

1 Paprika

150 g Naturjoghurt

150 g Magerquark

150 g Früchtejoghurt- oder Früchtequark

Tagesvorschläge

1. Tag

2 Scheiben Vollkorntoast bestrichen mit 1 El Frischkäse

und 2 Teelöffeln Marmelade

1 Pfirsich

Brokkoliauflauf

2 Tomaten

Fetasalat

2. Tag

2 Vollkornbrote bestrichen mit 1 El Kräuterfrischkäse

und mit Salatgurkenscheiben belegt

1 Banane

Kartoffelsuppe

1/4 Salatgurke

Tomatensalat

3.Tag

4 Stücke Zwieback bestrichen mit 1 El

Kräuterfrischkäse und hartgekochtem Ei belegt

100 g Trauben

Kartoffelsalat

1 Karotte

Brokkolisuppe

4.Tag

4 Knäckebrote bestrichen mit 1 El Magerquark

und 2 Teelöffeln Marmelade

1 Birne

Kabeljaufilet mit Brokkoli

150 g Früchtequark

Kopfsalat mit Joghurtsoße

5. Tag

2 Vollkornbrötchen bestrichen mit 1 El

Magerquark und 2 Teelöffeln Marmelade

1 Nektarine

Hähnchengeschnetzeltes mit Reis

100 g Radieschen

Kartoffelsuppe

6. Tag

2 Mischbrote mit 40 Geflügelwurst

und Gewürzgurkenscheiben belegt

1 Apfel

Lachsfilet mit Nudeln

1 roher Kohlrabi

Wrap mit Lachs

7. Tag

2 Vollkornbrote bestrichen mit 1 El Frischkäse

und 2 Teelöffeln Honig

150 g Naturjoghurt

Spirelli mit Tomatensoße

1/4 Salatgurke

Erbsen-Karotten-Salat

8. Tag

150 g Magerquark vermischt mit

1 kleingeschnittenem Pfirsich

2 Kiwi

Paprika-Schnitzel

3 - 4 Gewürzgurken

Brokkolisuppe

9. Tag

4 Zwieback bestrichen mit 1 El Frischkäse

und 2 Teelöffel Marmelade

1 Banane

Reispfanne mit Putenfleisch

2 Tomaten

Kopfsalat mit Joghurtsoße

10. Tag

150 g Naturjoghurt mit 3 - 4 Teelöffeln

Haferflocken und 50 g Beeren vermischt

1 Apfel

Lachs-Nudel-Pfanne

1 Karotte

Reissalat

11. Tag

2 Vollkornbrötchen bestrichen mit 1 El

Magerquark und 2 Teelöffeln Honig

1 Birne

Rosenkohlauflauf

150 g Früchtequark

Couscoussalat mit Paprika

12. Tag

2 Scheiben Vollkorntoast bestrichen. mit 1 El

Kräuterfrischkäse, mit Tomatenscheiben belegt

2 Kiwi

Reispfanne mit Hähnchenfleisch

1 Paprika

Zucchinisuppe

13. Tag

2 Vollkornbrote belegt mit 40 g

Kochschinken und Salatgurkenscheiben

1 Pfirsich

Lachsfilet mit Spinatrahm

2 Tomaten

Nudelsalat

14. Tag

2 Vollkornbrötchen belegt mit 40 g

Geflügelwurst und Gurkenscheiben

100 g Trauben

Gemüsepfanne mit Putenfleisch

1/4 Salatgurke

Thunfischsalat

15. Tag

4 Zwieback bestrichen mit 1 El Kräuterquark und

mit Tomatenscheiben belegt

1 Pfirsich

Kartoffelauflauf mit Ei

1/4 Salatgurke

Friesensuppe

16. Tag

2 Scheiben Vollkorntoast bestrichen mit

1 El Magerquark und 2 Teelöffeln Honig

1 Banane

Nudeln mit Käse und Tomaten

100 g Erdbeeren

Gemüsesuppe

17. Tag

2 Vollkornbrote belegt mit 40 g

Geflügelwurst und Salatgurkenscheiben

1 Karotte

Penne mit Garnelen

3 - 4 Gewürzgurken

Wrap mit Lachs

18. Tag

2 Scheiben Toastbrot mit 1 El Frischkäse bestrichen

und mit Paprika belegt

2 Scheiben Ananas

Thunfischsteak mit Sesam

100 g Radieschen

Wrap mit Lachs und Ei

19. Tag

4 Knäckebrote bestrichen mit 1 El Magerquark

und 2 Teelöffeln Honig

1 Birne

Asia-Nudeln mit Hähnchenfleisch

1 Paprika

Kartoffelsalat

20. Tag

4 Stücke Zwieback bestrichen mit 1 El Magerquark

und 2 Teelöffel Marmelade

1 Apfel

Reispfanne mit Hähnchenfleisch

1/4 Salatgurke

Paprika-Tomatensuppe

21. Tag

2 Scheiben Mischbrot bestrichen mit 1 El

Frischkäse und 2 Teelöffeln Marmelade

1 Banane

Reis mit Spinat

2 Tomaten

Zucchinicremesuppe

22. Tag

4 Knäckebrote bestrichen mit 1 El Kräuterfrischkäse

und mit hartgekochtem Ei belegt

2 Mandarinen

Lachsfilet mit Nudeln

100 g Radieschen

Kohlrabisuppe

23. Tag

150 g Magerquark vermischt mit

1 kleingeschnittenem Pfirsich

2 Kiwis

Nudelsalat

2 Tomaten

Hähnchen-Wrap

24. Tag

2 Scheiben Vollkorntoast bestrichen mit 1 El

Frischkäse und 2 Teelöffeln Honig

1 Banane

Nudeln mit Gemüse und Putenfleisch

3 - 4 Gewürzgurken

Zucchini-Creme-Suppe

25. Tag

2 Vollkornbrote belegt mit 40 g

Geflügelwurst und Salatgurkenscheiben

100 g Himbeeren

Reis-Pilz-Pfanne

150 g Naturjoghurt

Rosenkohlauflauf

26. Tag

2 Vollkornbrötchen bestrichen mit 1 El Magerquark

und 2 Teelöffeln Marmelade

1 Pfirsich

Mediterranes Putengeschnetzeltes

1 Paprika

Schafskäsesalat mit Joghurt

27. Tag

2 Scheiben Vollkorntoast bestrichen mit 1 El

Frischkäse und 2 Teelöffeln Marmelade

1 Nektarine

Kartoffel-Kohlrabiauflauf

1 Karotte

Salat-Wrap mit Lachs

28. Tag

2 Scheiben Mischbrot bestrichen mit 1 El

Frischkäse und 2 Teelöffeln Marmelade

150 g Früchtequark

Kartoffel-Joghurt-Salat

1 Paprika

Auberginenauflauf mit Feta

29. Tag

4 Knäckebrote bestrichen mit 1 El Magerquark

und 2 Teelöffeln Honig

1 Orange

Kabeljaufilet mit Brokkoli

1 roher Kohlrabi

Tomatensalat

30. Tag

2 Scheiben Vollkornbrot belegt mit 40 g

Kochschinken und Salatgurkenscheiben

1 Apfel

Reispfanne mit Hähnchenfleisch

1/4 Salatgurke

Kürbissuppe

31. Tag

2 Scheiben Vollkorntoast bestrichen mit 1 El

Kräuterfrischkäse und belegt mit Tomatenscheiben

1 Pfirsich

Brokkoliauflauf

2 Tomaten

Kohlrabisuppe

32. Tag

4 Knäckebrote bestrichen mit 1 El Kräuterfrischkäse

und mit Gewürzgurkenscheiben belegt

2 Scheiben Ananas

Reis mit Tomatensoße

100 g Radieschen

Kartoffelsuppe

33. Tag

2 Vollkornbrote bestrichen mit 1 El Frischkäse

und 2 Teelöffeln Marmelade

1 Apfel

Gemüsesuppe

2 Tomaten

Kartoffel-Kohlrabiauflauf

34. Tag

2 Vollkornbrötchen bestrichen mit 1 El Magerquark

und 2 Teelöffeln Honig

2 Kiwis

Nudeln mit Gemüse und Putenfleisch

1/4 Salatgurke

Thunfischsalat

35. Tag

2 Scheiben Vollkorntoast bestrichen mit

1 El Frischkäse und mit Paprika belegt

150 g Naturjoghurt

Reis mit Spinat

3 - 4 Gewürzgurken

Hähnchen-Wrap

36. Tag

150 g Joghurt gemischt mit 3 - 4 Teelöffel

Haferflocken und 20 g Beeren

2 Kiwis

Reis mit Tomatensoße

1 roher Kohlrabi

Salat-Wrap mit Lachs

37. Tag

4 Stücke Zwieback bestrichen mit 1 El Magerquark

und 2 Teelöffel Marmelade

1 Pfirsich

Kabeljau in Spinatrahm

1 Paprika

Reissalat

38. Tag

2 Scheiben Mischbrot bestrichen mit 1 El

Frischkäse und 2 Teelöffeln Marmelade

150 g Früchtequark

Kohlsuppe

2 Tomaten

Nudelsalat

39. Tag

2 Scheiben Vollkorntoast bestr. mit 1 El

Kräuterfrischkäse, belegt mit Tomatenscheiben

100 g Trauben

Linsensuppe

1/4 Salatgurke

Kartoffelsalat

40. Tag

4 Knäckebrote bestrichen mit 1 El

Frischkäse, belegt mit Salatgurkenscheiben

1 Banane

Rosenkohlauflauf

1 Paprika

Tomatensalat

Rezepte Nudel- und Reisgerichte

Spirelli mit Tomatensoße

50 g Spirellinudeln
6 Kirschtomaten
1 kleine Zwiebel
1 Knoblauchzehe
200 ml Milch
1 - 2 Esslöffel Sahne

50 g Spirellinudeln kochen. Kirschtomaten kleinschneiden, Zwiebel kleinschneiden und Knoblauchzehe durch Knoblauchpresse drücken. 4 Kirschtomaten, Zwiebel und Knoblauch in eine Pfanne geben und 5 -10 Minuten dünsten bis die Tomaten weich sind, dann mit Paprika, Pfeffer und Chilipulver würzen. Die Milch dazugeben. Soße dann andicken: Aufkochen lassen, 1 oder 2 Teelöffel Mehl schnell mit dem Schneebesen einrühren, dann Hitze runter schalten und köcheln lassen, bis die Soße sämig wird. Statt Mehl kann man auch Soßenbinder verwenden. Dann 1 bis 2 Esslöffel Sahne unterrühren und nochmals aufkochen lassen. Zwei Kirschtomaten kleinschneiden, in die Soße einrühren und die Soße dann über die Nudeln geben.

Paprika-Schnitzel

50 g Nudeln
1 Putenschnitzel
1 rote Paprika
1 Zwiebel
1 Knoblauchzehe
1 TL Tomatenmark
200 ml Gemüsebrühe

Nudeln kochen. Paprika kleinschneiden, Zwiebel in Ringe schneiden und Knoblauchzehe durch Knoblauchpresse drücken. Zwiebel, Knoblauch und Paprika in einer Pfanne ein paar Minuten dünsten. 1 TL Tomatenmark und 200 ml Gemüsebrühe zugeben und aufkochen lassen. Mit Pfeffer, Paprika und Chilipulver würzen und zugedeckt bei milder Hitze 5 Minuten köcheln lassen, dann die Soße mit Mehl oder Soßenbinder andicken. 1 Putenschnitzel auf beiden Seiten mit Pfeffer und Paprikagewürz würzen, in 2 El Öl braten. Nudeln und Schnitzel auf einem Teller anrichten und die Soße darüber geben.

Penne mit Garnelen und Tomatensoße

50 g Penne
1 Knoblauchzehe
150 ml Milch
200 g gestückelte Tomaten
1 TL Tomatenmark
250 g Garnelen

Knoblauch mit 1 Esslöffel Öl in der Pfanne dünsten. 1 TL Tomatenmark dazugeben und mit dem Kochlöffel verrühren. 1 halber Teelöffel Chilisoße mit 3 Esslöffel Wasser vermengen und in die Pfanne geben. Gestückelte Tomaten ebenfalls dazugeben und aufkochen lassen, mit Pfeffer und Paprika würzen. 150 ml Milch dazugeben und andicken: Soße nochmals aufkochen lassen, 1 oder 2 Teelöffel Mehl schnell mit dem Schneebesen einrühren, dann Hitze runter schalten und köcheln lassen, bis eine sämige Soße entstanden ist oder die Soße mit Soßenbinder binden. Die aufgetauten Garnelen in der Pfanne anbraten, bis sie gar sind. Die Garnelen in die Soße geben und 10 Minuten bei geschlossenem Deckel köcheln lassen, dann über die Nudeln geben.

Hähnchengeschnetzeltes mit Reis

50 g Reis
1 Hähnchenbrustfilet
1 Zwiebel
1 Knoblauchzehe
250 ml Gemüsebrühe
1 El Kräuterfrischkäse
1 gestrichener TL Senf
4 kleine Gewürzgurken

Reis kochen. Hähnchenbrust mit Salz, Pfeffer und Paprikapulver würzen und in Würfel schneiden. Zwiebel, Knoblauch und Gewürzgurken ebenfalls in Würfel schneiden. 1 Esslöffel Öl in einer Pfanne erhitzen, das Hähnchenfleisch darin scharf anbraten. Sobald das Fleisch etwas Farbe bekommen hat, Zwiebeln und Knoblauch dazugeben und weitere 5 Minuten scharf anbraten. Mit Gemüsebrühe ablöschen. Kräuterfrischkäse, Senf und die gewürfelten Gewürzgurken dazugeben und alles bei schwacher Hitze 5 Minuten köcheln lassen, die Soße mit Mehl oder Soßenbinder andicken. Reis zu der Soße geben und alles nochmal kurz aufkochen lassen.

Asia-Nudeln mit Hähnchenfleisch

50 g Asia-Nudeln
1 Hähnchenbrust
50 ml Sojasoße
1 Esslöffel Chilisoße
1 Bund Lauchzwiebel

Sojasoße und 1 El Chilisoße in eine Schüssel geben und miteinander vermengen. Hähnchenbrust in dünne Scheiben schneiden und in die Schüssel legen, eine halbe Stunde ziehen lassen. Lauchzwiebel in Ringe schneiden. 1 Esslöffel Öl in eine Pfanne geben, Hähnchenfleisch dazugeben und bei mittlerer Hitze anbraten, dann die Lauchzwiebeln dazugeben und ca. 5 Minuten weiter braten. Asia-Nudeln mit heißem Wasser übergießen und 5 Minuten ziehen lassen. Die Asia-Nudeln in die Pfanne geben und mit dem Hähnchenfleisch und den Lauchzwiebeln vermengen, dann noch 2 bis 3 Minuten weiter braten.

Nudeln mit Soße und Putenfleisch

50 g Nudeln
1 Putenschnitzel
1 kleine rote Zwiebel
1 TK-Packung Erbsen und Karotten
250 ml Gemüsebrühe
50 ml Milch
2 Esslöffel Frischkäse
1 Esslöffel Sahne

Zwiebel kleinschneiden. Putenfleisch in der Pfanne mit den Zwiebelwürfeln anbraten und wegstellen. TK-Gemüse Erbsen und Karotten nach Packungsanleitung kochen. Gemüsebrühe und Milch in eine Pfanne geben, 2 Esslöffel Frischkäse und 1 Esslöffel Sahne dazugeben und aufkochen lassen. Die Soße dann mit Mehl oder Soßenbinder binden, bis eine sämige Soße entstanden ist. Mit Salz, Pfeffer und 1 Spritzer Zitronensaft würzen. Das Gemüse, das Putenfleisch und die Nudeln in die Pfanne geben, kurz aufkochen lassen, dann 2 -3 Minuten bei geringer Hitze köcheln lassen.

Reis-Pilz-Pfanne

50 g Reis
250 g frische Champignons
1 Zwiebel
200 ml Gemüsebrühe
1 - 2 Esslöffel Sahne
1 Teelöffel Butter

Frische Pilze putzen und kleinschneiden. Zwiebel kleinschneiden und in einer Pfanne mit 1 Teelöffel Butter glasig dünsten. Die Pilze dazugeben und dünsten, bis sie gar sind. Brühe zugießen, Sahne dazugeben und aufkochen lassen, mit Mehl oder Soßenbinder andicken. Mit Salz und Pfeffer würzen und die Soße dann über den Reis geben.

Gemüsepfanne mit Putenfleisch

50 g Nudeln
250 g Putenbrustfilet
1 Zucchini
1 Karotte
100 g Lauch
2 Tomaten
400 ml Gemüsebrühe
4 TL Tomatenmark

Die Nudeln kochen und das Putenbrustfilet in Würfel schneiden. Die Würfel anbraten, aus der Pfanne nehmen und beiseite stellen. Lauch in Ringe schneiden und Zucchini, Karotte und die Tomaten kleinschneiden. Lauch, Zucchini und die Karotte zusammen in einer Pfanne mit 1 Esslöffel Öl 5 Minuten anbraten, dann mit Salz und Pfeffer würzen. Die Gemüsebrühe mit 4 Teelöffeln Tomatenmark verrühren und in die Pfanne geben, dann die kleingeschnittenen Tomaten dazugeben, aufkochen lassen und bei geschlossenem Deckel köcheln lassen, bis das Gemüse weich ist. Die Nudeln und das Putenfleisch in die Pfanne geben und kurz aufkochen lassen, dann noch 2 -3 Minuten köcheln lassen und würzen..

Reispfanne mit Hähnchenfleisch

50 g Reis
1 Hähnchenbrustfilet
1 Tiefkühlpackung Buttergemüse Erbsen und Karotten

Reis kochen. Eine Packung TK-Buttergemüse mit Erbsen und Karotten nach Packungsanweisung kochen. Hähnchenbrustfilet in Würfel schneiden und in einer Pfanne mit 1 Esslöffel Öl anbraten. Reis und Gemüse zusammen in die Pfanne mit dem Fleisch geben, verrühren und 5 Minuten bei geschlossenem Deckel garen lassen. Mit Salz und Pfeffer würzen.

Reis mit Tomatensoße

50 g Reis
4 Tomaten
1 Zwiebel
200 g passierte Tomaten
Chilisoße oder Tomatenmark

Reis kochen und die Tomaten klein schneiden. Zwiebel würfeln und mit Knoblauch in einer Pfanne bei mittlerer Hitze dünsten lassen, dann die kleingeschnittenen Tomaten dazugeben und dünsten lassen, bis die Tomaten weich sind. 200 g passierte Tomaten dazugeben, mit Pfeffer, Paprika und Chilipulver würzen. Je nach Geschmack etwas Chilisoße oder Tomatenmark dazugeben. Reis zu der Soße geben und miteinander vermischen.

Nudeln mit Käse und Tomaten

50 g Nudeln
2 Scheiben Schmelzkäse
2 große Tomaten

50 g Nudeln abkochen. Schmelzkäse in kleine Stücke schneiden und gleichmäßig über den Nudeln verteilen. Im Backofen überbacken, bis der Käse geschmolzen ist oder 2 Minuten bei 600 Watt in die Mikrowelle stellen. Tomaten in kleine Stücke schneiden und zusammen mit den Nudeln auf einem Teller servieren.

Reis mit Spinat

50 g Reis
450 g Tiefkühlspinat
1 kleine Zwiebel
1 Knoblauchzehe
1 - 2 Esslöffel Frischkäse oder geriebener Emmentaler

50 g Reis kochen. TK-Spinat auftauen und aufkochen lassen. Zwiebel klein schneiden und mit Knoblauch andünsten. Spinat dazugeben und 5 Minuten köcheln lassen. Reis dazugeben und mit Salz und Pfeffer würzen. Je nach Geschmack entweder Frischkäse oder geriebenen Edamer dazugeben und nochmals aufkochen lassen.

Tipp

für das Binden bzw. Andicken einer Soße: Aufkochen lassen, 1 oder 2 Teelöffel Mehl schnell mit dem Schneebesen einrühren, dann Hitze runter schalten, köcheln lassen und dabei umrühren, bis die Soße sämig wird.

Rezepte Salate

Fetasalat

100 g Fetakäse
1 - 2 Tomaten
1/4 Salatgurke

Den Fetakäse in Würfel schneiden. 1- 2 Tomaten kleinschneiden, Salatgurke schälen und in Würfel schneiden. Alles miteinander vermischen, mit Salz und Pfeffer würzen und 10 Minuten ziehen lassen.

Thunfischsalat mit Frischkäse

1 Dose Thunfisch (im eigenen Saft, ohne Öl)
2 - 3 Gewürzgurken
1 hartgekochtes Ei
1 - 2 Esslöffel Kräuterfrischkäse, cremig

Thunfisch in eine Schüssel geben, zwei bis drei kleingeschnittene Gewürzgurken dazugeben. Ein hartgekochtes Ei mit dem Eierschneider kleinschneiden, ebenfalls dazugeben und alles mit dem Kräuterfrischkäse vermischen.

Kartoffelsalat

600 g Kartoffel
150 g Kräuterquark, cremig
150 g Magerquark

Kartoffel kochen und abkühlen lassen, dann pellen. 150 Gramm Kräuterquark und 150 Gramm Magerquark zusammen in eine Schüssel geben und vermischen, dann mit 2 - 3 Esslöffel Wasser glattrühren. Abgekühlte Kartoffel in Scheiben schneiden. Den den Quark über die Kartoffelscheiben geben und miteinander vermischen.

Couscoussalat mit Paprika

200 g Couscous
1 rote Paprika
1 - 2 Tomaten
3 - 4 Esslöffel Tiefkühlgemüse Mais und Erbsen

Den Couscous mit 200 ml heißem Wasser übergießen und quellen lassen, zwischendurch umrühren. Tomaten und Paprika kleinschneiden. TK-Gemüse gar kochen, dann 4 bis 5 Esslöffel davon zu dem Couscous geben. Tomaten und Paprika ebenfalls dazugeben und das Ganze miteinander vermischen. Mit Pfeffer, Paprika und Chiligewürz würzen. Je nach Geschmack kann man noch einen halben Teelöffel Chilisoße dazugeben.

Kartoffel-Joghurt-Salat

600 Kartoffeln
150 g Joghurt
1 Zwiebel
4 - 5 Gewürzgurken
2 Lauchzwiebel
Vegeta-Gewürz

Kartoffeln kochen und abkühlen lassen, dann pellen und in Scheiben schneiden. Gewürzgurken in Würfel schneiden, 1 Zwiebel kleinschneiden und die Lauchzwiebel in Ringe schneiden. Den Joghurt mit Salz, Pfeffer und Vegeta-Gewürz würzen und Zwiebel, Gewürzgurken und Lauchzwiebel dazugeben. Alles miteinander vermengen und mit den Kartoffeln vermischen.

Kopfsalat mit Joghurt-Soße

1 Kopfsalat
1 Esslöffel Sahne
1 Zwiebel
1 Knoblauchzehe
70 g Joghurt
Vegeta-Gewürz

Kopfsalatblätter waschen. Knoblauch durch Knoblauchpresse drücken, Zwiebel kleinschneiden. Den Joghurt in einer Schüssel mit dem Knoblauch, den Zwiebeln und der Sahne vermischen, dann mit Vegeta-Gewürz würzen. Die Joghurtsoße über die Kopfsalatblätter geben und miteinander vermengen.

Tomatensalat

3 - 4 Tomaten
2 - 3 Esslöffel Joghurt
1 TL Sahne
1 Zwiebel
Vegeta-Gewürz oder Kräutergewürz

Tomaten in Scheiben schneiden. 3 Esslöffel Joghurt mit 1 Teelöffel Sahne vermischen, die kleingeschnittene Zwiebel dazugeben mit Salz, Pfeffer, Vegeta-Gewürz oder Kräutergewürz würzen. Die Joghurtsoße dann mit den Tomaten vermengen.

Nudelsalat

50 g Spirellinudeln
1 Tomate
2 - 3 Esslöffel Kräuterquark, cremig

50 g Spirellinudeln kochen und abkühlen lassen. 1 Tomate kleinschneiden und in einer Schüssel mit dem Kräuterquark vermischen. Die Nudeln dazugeben und alles miteinander vermengen, für 15 Minuten in den Kühlschrank stellen..

Erbsen-Karotten-Salat

250 g Tiefkühlgemüsemischung Erbsen, Karotten & Mais
4 EL Quark
4 EL Naturjoghurt
1 TL Zitronensaft
1 Messerspitze Senf

Das Gemüse nach Packungsanweisung kochen und abkühlen lassen. Quark, Joghurt, Zitronensaft und Senf miteinander verrühren, mit Salz und Pfeffer würzen. Mit der Gemüsemischung vermengen und für 15 Minuten in den Kühlschrank stellen.

Schafskäsesalat mit Joghurt

1/2 rote Paprika
1/4 Salatgurke
100 g Schafskäse
1 Tomate
150 g Joghurt

Paprika, Salatgurke und die Tomate kleinschneiden, den Schafskäse in kleine Würfel schneiden. Den Joghurt mit Zitronensaft, Salz und Pfeffer abschmecken und dann mit dem Gemüse und dem Schafskäse vermengen.

Reissalat

50 g Reis
250 g Tiefkühlmischung Karotten & Erbsen
2 Esslöffel Frischkäse

50 Gramm Reis kochen. Eine Packung Tiefkühlgemüse Erbsen und Karotten nach Packungsanweisung kochen, mit dem Reis vermischen und abkühlen lassen. Frischkäse mit 1 Esslöffel Wasser glattrühren, mit Salz und Pfeffer würzen und mit der Reis-Gemüsemischung vermengen. Für 15 Minuten in den Kühlschrank stellen.

Rezepte Suppen

Brokkolisuppe

1 Brokkoli
200 Gramm Kartoffel
250 ml Gemüsebrühe
1 Esslöffel Frischkäse

Brokkoli und Kartoffel weich kochen. Zusammen in einen Topf geben und mit dem Stabmixer pürieren. Gemüsebrühe dazugeben und verrühren, aufkochen lassen. Mit Salz und Pfeffer würzen und 1 Esslöffel Frischkäse dazu geben.

Kartoffelsuppe

600 g Kartoffel
1 Bund Suppengrün mit Sellerie, Karotten und Lauch
1 große Zwiebel
500 ml Gemüsebrühe

Sellerie, Lauch, Karotten und Zwiebel kleinschneiden. Im Topf die kleingeschnittene Zwiebel mit Butter andünsten, das Gemüse dazugeben und kurz bei mittlerer Hitze anbraten. Dann einen halben Liter Gemüsebrühe dazugeben, die Kartoffeln hinzufügen und aufkochen lassen. Bei mittlerer Hitze kochen lassen, bis die Kartoffeln und das Gemüse weich sind, dann mit dem Stabmixer pürieren. Mit Salz, Pfeffer und Majoran würzen.

Gemüsesuppe

1 Zucchini
1 Karotte
100 g Lauch
2 Tomaten
400 ml Gemüsebrühe
4 TL Tomatenmark

Zucchini, Karotte und die Tomaten kleinschneiden, den Lauch in Ringe schneiden. Lauch, Zucchini und die Karotte zusammen in einer Pfanne mit 1 Esslöffel Öl 5 Minuten anbraten, dann mit Salz und Pfeffer würzen. Die Gemüsebrühe mit 4 Teelöffeln Tomatenmark verrühren und in die Pfanne geben, dann die kleingeschnittenen Tomaten dazugeben, aufkochen lassen und bei geschlossenem Deckel köcheln lassen, bis das Gemüse weich ist. Mit Salz und Pfeffer würzen.

Paprika-Tomaten-Suppe

1 halbe rote Paprika
1 Knoblauchzehe
1 kleine Zwiebel
3 - 4 große Tomaten
200 g gestückelte Tomaten
250 ml Gemüsebrühe

Paprika, Zwiebel und Tomaten kleinschneiden. Knoblauchzehe durch eine Knoblauchpresse drücken und in eine Pfanne mit 1 Esslöffel Öl geben. Zwiebel ebenfalls dazugeben und zusammen mit dem Knoblauch kurz andünsten, dann die Paprika dazugeben und weitere 5 Minuten dünsten lassen. Danach die kleingeschnittenen Tomaten, die gestückelten Tomaten und die Gemüsebrühe dazugeben und verrühren. 15 Minuten köcheln lassen, dann mit dem Stabmixer pürieren. Mit Pfeffer, Paprika und Basilikum würzen.

Zucchini-Creme-Suppe

1 Zucchini
400 g Kartoffel
250 ml Gemüsebrühe
50 ml Milch

Kartoffel und Zucchini schälen und klein schneiden. Gemüsebrühe in einen Topf geben, Kartoffel und Zucchini dazu geben und aufkochen lassen. Bei mittlerer Hitze weiter köcheln lassen, bis die Kartoffel und das Gemüse weich sind, dann die Suppe mit dem Stabmixer pürieren. Milch dazugeben und nochmals kurz aufkochen lassen. Mit Salz, Pfeffer und Majoran abschmecken.

Kohlsuppe

1/2 Weißkohl
500 g Kartoffel
1 Bund Suppengrün mit Sellerie, Karotten und Lauch
1 große Zwiebel
500 ml Gemüsebrühe

Sellerie, Karotten, Lauch und die Zwiebel kleinschneiden, Weißkohl in Streifen schneiden. 1 Esslöffel Öl in einen großen Topf geben und die Zwiebel andünsten. Das Suppengemüse dazugeben und 5 Minuten bei mittlerer Hitze anbraten. Dann den Kohl dazugeben, Gemüsebrühe zugießen und bei geschlossenem Deckel aufkochen lassen. Bei mittlerer Hitze 15 Minuten weiter köcheln lassen, bis alle Zutaten weichgekocht sind. Mit Salz und Pfeffer abschmecken.

Friesensuppe

200 g Kartoffeln
200 g Sellerie
300 ml Gemüsebrühe
1 Esslöffel Schmand
2 Esslöffel geschälte Nordseekrabben

Kartoffeln und Sellerie kleinschneiden und zugedeckt in Gemüsebrühe weich garen. Mit dem Stabmixer pürieren. Schmand unter die Suppe ziehen und die Nordseekrabben hinzufügen.

Kohlrabi-Suppe

600 g Kartoffeln
2 Kohlrabi
500 ml Gemüsebrühe
1 Zwiebel
1 Esslöffel Frischkäse oder 1 Esslöffel Schmand

Die Zwiebel kleinschneiden und in 1 El Öl dünsten. Den Kohlrabi und die Kartoffeln kleinschneiden und zu den Zwiebeln geben. Die Brühe zugießen, aufkochen lassen und Kartoffel und Kohlrabi weich kochen lassen, dann pürieren. Frischkäse oder Schmand dazugeben. Mit Majoran, Salz und Pfeffer abschmecken.

Kürbissuppe

1 Hokkaido-Kürbis
4 mittelgroße Kartoffel
500 ml Gemüsebrühe
1 Zwiebel

Hokkaido-Kürbis halbieren und das Fruchtfleisch mit einem Esslöffel heraus schaben. Dann die Hälften in Viertel schneiden und diese dann in kleine Stücke schneiden. Zwiebel kleinschneiden und mit Butter in einem großem Topf dünsten. Die Kürbisstücke hineingeben und 5 Minuten anbraten, dann die kleingeschnittenen Kartoffel ebenfalls dazugeben und mit einem halben Liter Gemüsebrühe ablöschen, aufkochen lassen und auf kleiner Hitze den Kürbis und die Kartoffeln weichkochen lassen. Danach mit dem Stabmixer pürieren und mit Salz, Pfeffer und Majoran würzen.

Champignonsuppe

500 g frische Champignons
500 ml Gemüsebrühe
1 Zwiebel
2 El Sahne
100 ml Milch

Pilze klein schneiden. Die kleingehackte Zwiebel in Butter dünsten, die Pilze hinzugeben und weiter dünsten, bis die Pilze gar sind. Mit der Brühe auffüllen und von der Kochstelle nehmen. Milch und 2 Esslöffel Sahne in die Suppe geben. Dann die Suppe mit dem Stabmixer pürieren, aufkochen lassen und 5 Minuten köcheln lassen. Mit Salz und Pfeffer würzen.

Linsensuppe

250 g Linsen
150 g Kartoffeln
250 ml Gemüsebrühe

Kartoffel kleinschneiden. Linsen und Kartoffeln in einen Topf geben und mit Gemüsebrühe aufkochen lassen, dann bei geringer Hitze garen. Getrocknete Linsen 40 Minuten garen, Linsen aus der Dose 20 Minuten garen. Mit Salz und Pfeffer würzen.

Rezepte Fischgerichte

Kabeljaufilet mit Brokkoli

250 g Kabeljaufilet
1 Brokkoli
2 - 3 Esslöffel geriebener Emmentaler Käse

Kabeljau waschen und trocken tupfen, dann mit Salz und Pfeffer würzen. In Mehl wenden und den panierten Fisch mit 1 - 2 Esslöffel Öl unter mehrmaligem Wenden in der Pfanne braten, bis er goldbraun ist. Der Fisch sollte innen glasig sein, dann schmeckt er am besten und ist nicht zu trocken. Brokkoliröschen gar kochen, in eine Auflaufform geben und den geriebenen Emmentaler Käse gleichmäßig darüber verteilen. Im Backofen bei 220 Grad 10 Minuten gratinieren oder bei 600 Watt 2 Minuten in die Mikrowelle stellen, bis der Käse verlaufen ist. Dann den Brokkoli mit dem Fisch servieren. Wahlweise kann man zum Fisch auch Spinat essen.

Lachsfilet mit Nudeln

50 g Penne
250 g Lachsfilet
1 Knoblauchzehe
1 Zwiebel
150 ml Gemüsebrühe
100 ml Milch
2 Esslöffel Sahne

Penne kochen. Lachsfilet abspülen, trocken tupfen, salzen und pfeffern, dann mit Zitronensaft beträufeln. Lachs in eine Auflaufform legen und im Backofen bei 200 Grad 20 Minuten garen. Währenddessen Zwiebel, Knoblauch und Olivenöl in der Pfanne andünsten. Gemüsebrühe, Milch und Sahne dazugeben, aufkochen lassen. Mit 2 Teelöffeln Mehl oder mit Soßenbinder binden, bis eine sämige Soße entsteht. Ein Spritzer Zitronensaft dazugeben, mit Salz und Pfeffer würzen. Ein kleines Stück vom Lachs abschneiden (ungefähr 1 Esslöffel), mit einer Gabel zerteilen, in die Soße geben und mit der Soße verrühren, kurz aufkochen lassen. Lachs und die Nudeln auf einem Teller servieren und die Soße darüber geben.

Kabeljau in Spinatrahm

250 g Kartoffeln
100 g Tiefkühlspinat
300 g Kabeljaufilet
1 Zwiebel
150 ml Brühe
100 ml Milch
2 Esslöffel Sahne

Kartoffeln kochen. Kabeljau abspülen, trocken tupfen, salzen, pfeffern und in Mehl wenden. Zwiebel würfeln und in einem Topf glasig dünsten. Dann Brühe und Milch in den Topf geben, aufkochen lassen und mit Salz und Pfeffer würzen. 5 Esslöffel Spinat und 2 Esslöffel Sahne untermischen. Soße nochmals aufkochen lassen, 1 oder 2 Teelöffel Mehl schnell mit dem Schneebesen einrühren, dann Hitze runter schalten und köcheln lassen, bis die Soße sämig wird. Statt Mehl kann man auch Soßenbinder verwenden. Fisch in einer Pfanne bei mittlerer Hitze goldbraun braten. Kartoffel und Fisch auf einem Teller servieren, die Soße über den Fisch und die Kartoffeln geben.

Thunfisch mit Sesamkruste

4 El Sojasoße
1TL Honig
1 El Reisweinessig
4 Thunfischsteaks
Sesamkörner
50 g Reis

Sojasauce, Honig und Reisweinessig in einer kleinen Schüssel mischen. Den Sesam auf einen Teller streuen. Die Thunfischfilets kurz in die Sojamischung einlegen und beide Seiten der Filets im Sesam wälzen. Öl in einer Pfanne erhitzen, bis es sehr heiß ist, dann die Thunfischsteaks darin auf jeder Seite 2 Minuten scharf anbraten. Den gekochten Reis in die Pfanne geben und kurz anbraten, dann zusammen mit dem Thunfisch servieren.

Lachs-Nudel-Pfanne

100 g Penne
1 Zwiebel
1 - 2 Lauchzwiebel
250 g Lachsfilet
3 EL Kräuterfrischkäse
250 ml Gemüsebrühe

Nudeln kochen. Zwiebel und Lauchzwiebel in Ringe schneiden. Lachsfilet abspülen, trocken tupfen und in Würfel schneiden. 1 Esslöffel Öl in einer beschichteten Pfanne erhitzen und die Lachswürfel darin etwa zwei bis drei Minuten rundherum anbraten. Dann den Lachs aus der Pfanne nehmen, die Zwiebel und die Lauchzwiebel in die Pfanne geben und etwa 5 Minuten im Bratensaft dünsten. Frischkäse dazugeben und mit dem Kochlöffel umrühren, dann die Gemüsebrühe dazugeben und mit Salz, Pfeffer und Zitronensaft würzen. Die Soße dann andicken: Aufkochen lassen, 1 oder 2 Teelöffel Mehl schnell mit dem Schneebesen einrühren, Hitze runter schalten und köcheln lassen, bis die Soße sämig wird. Statt Mehl kann man auch Soßenbinder verwenden. Nudeln und Lachswürfel zu der Soße in die Pfanne geben und bei geschlossenem Deckel noch ein 2 - 3 Minuten garen.

Rezepte Aufläufe und Wraps

Brokkoliauflauf

1 Brokkoli
200 ml Milch
2 Esslöffel Sahne
1 Zwiebel
1 Knoblauchzehe
2 Scheiben Schmelzkäse

Brokkoliröschen kochen und in eine Auflaufform legen. Milch mit Sahne verrühren, in einem Topf aufkochen lassen. 2 Scheiben Schmelzkäse dazugeben, kurz weiter kochen lassen, bis die Milch dickflüssig wird, dann salzen und pfeffern. Die Milchmischung über den Brokkoli geben und im Backofen bei 200 Grad 20 - 30 Minuten gratinieren lassen.

Auberginenauflauf mit Feta

1 - 2 Auberginen
80 g Feta

Auberginen in Scheiben schneiden und in der Bratpfanne anbraten. Auberginen dann in eine Auflaufform legen, mit Salz und Pfeffer würzen. Feta in kleine Stücke schneiden und gleichmäßig über den Auberginen verteilen. Im Backofen bei 180 Grad ca. 25 Minuten garen.

Kartoffel-Kohlrabiauflauf

400 g Kartoffeln
2 Kohlrabi
1 Knoblauchzehe
200 ml Milch
3 Esslöffel Sahne
30 g geriebener Emmentaler Käse

Kartoffeln und Kohlrabi in Scheiben schneiden. Knoblauch durch eine Knoblauchpresse drücken und mit der Milch und der Sahne verrühren. In die Milch dann den geriebenen Emmentaler Käse einrühren. Die Milch mit Salz, Pfeffer und Muskat würzen und in einem Topf aufkochen lassen. Kartoffeln und Kohlrabischeiben im Wechsel in eine Auflaufform schichten, die gewürzte Milch darüber gießen und ca. 45 Minuten im Backofen bei 220 Grad backen.

Rosenkohlauflauf

500 g Rosenkohl
1 Zwiebel
200 ml Milch
2 Esslöffel Sahne
2 Scheiben Schmelzkäse

Rosenkohl kochen. Zwiebeln in einem weiten Topf glasig dünsten. Dann den gar gekochten Rosenkohl in den Topf geben, mit den Zwiebeln vermengen und 5 Minuten dünsten lassen, dabei mehrmals umrühren. Danach den Rosenkohl mit Salz und Pfeffer würzen und in eine Auflaufform geben. Milch mit Sahne in einem Topf aufkochen lassen, 2 Scheiben Schmelzkäse dazugeben, kurz weiter kochen lassen, bis die Milch dickflüssig wird, dann salzen und pfeffern. Über den Rosenkohl geben und im Backofen bei 200 Grad backen, bis die oberste Schicht gratiniert ist.

Kartoffelauflauf mit Ei

400 g Kartoffel
1 hartgekochtes Ei
3 - 4 Gewürzgurken
70 g Schmand

400 g Kartoffeln mit Schale kochen, abkühlen lassen. Das hartgekochte Ei mit dem Eierschneider zerkleinern und die Gewürzgurken in kleine Stücke schneiden. Dann die Kartoffeln pellen, in Scheiben schneiden und in eine Auflaufform legen, mit Salz, Pfeffer und Paprika würzen. Das Eierstücke gleichmäßig über den Kartoffeln verteilen, dann die Gurkenstücke ebenfalls gleichmäßig darüber verteilen und wieder mit Salz, Pfeffer und Paprika würzen. Den Schmand auf der Kartoffel-Ei-Mischung gleichmäßig verstreichen, bis alles mit Schmand bedeckt ist. Im Backofen bei 220 Grad ca. 40 Minuten garen.

Hähnchen-Wrap

1 Hähnchenbrustfilet
Chilisoße
1 - 2 Esslöffel Frischkäse
Kopfsalatblätter
1 Zwiebel

Wrap dünn mit Chilisoße bestreichen und den Frischkäse darauf verteilen. Zwiebel in Ringe schneiden und gleichmäßig auf dem Wrap verteilen. Das Hähnchenbrustfilet in Streifen schneiden und in der Pfanne anbraten. Salatblätter auf den Wrap legen und die Hähnchenfleischstreifen darauf verteilen. Auf die Hähnchenstücke dann noch jeweils 1 - 2 Tropfen Chilisoße träufeln. Wrap zusammenrollen und in zwei Hälften schneiden.

Wrap mit Lachs und Ei

1 Wrap
2 Esslöffel Kräuterfrischkäse
2 Scheiben Lachs
Meerrettich aus dem Glas
1 Zwiebel
1 hartgekochtes Ei
1 - 2 Lauchzwiebel

Wrap mit Kräuterfrischkäse bestreichen, Lachsscheiben in Stücke schneiden und darauf legen, dann 1 - 2 Teelöffel Meerrettich gleichmäßig auf dem Lachs verteilen. Mit dem Eierschneider das hartgekochte Ei in Scheiben schneiden und auf die Lachsstücke legen. Lauchzwiebeln in Ringe schneiden und gleichmäßig darauf verteilen. Den Wrap zusammen rollen und in der Mitte durchschneiden.

Salat-Wrap mit Geflügelwurst

1 Wrap
Kopfsalat- oder Eisbergsalatblätter
50 g Geflügelwurst
1 kleine Zwiebel
2 EL Quark
2 EL Naturjoghurt
1 TL Zitronensaft
1 Teelöffel Chilisoße
1 Tomate

Zwiebel in Ringe schneiden. Quark, Joghurt und Zitronensaft verrühren, mit Salz und Pfeffer abschmecken. Die Tomate in Scheiben schneiden. Die Joghurt-Quark-Mischung auf dem Wrap verstreichen, die Salatblätter darauf verteilen und mit Geflügelwurstscheiben belegen. Die Zwiebelringen und die Tomatenscheiben auf der Wurst verteilen. Wrap aufrollen und in der Mitte durchschneiden.

Ich hoffe, dass ich Ihnen mit diesem Buch geholfen habe, besser mit Diabetes leben zu können und wünsche Ihnen alles Gute auf Ihrem Weg zum Gesundwerden.

Petra Jordan

ISBN 978-3-7467-2482-9
www.epubli.de